王宥忻 著

財富女神
教 你 日 入 萬 元

9 個 月 賺 1 億

翻轉人生

日入
万元 MAGIC LIFE
101日入萬元系統　別說不可能　前進世界　創造奇迹　特別邀請國際激勵大師

無腿超人
約翰庫提斯

創業達人
林總　　　G.D老師　　網絡行銷女王　　人脈達人　　　財富女神　　　整合女王　　成交女神　　　領導力達人
　　　　　　　　　洋洋老師　　翁總　　　　宥忻老師　　亦洋老師　　萌萌老師　　杜老師

香港1700人大會
活 動 剪 影

獨家 不是水蜜桃 年賺近百萬

世新學生 王虹又

12點就收起來

美美湯花戀 北投熱呼呼

財富女神 宥忻

媒體報導

Media reports

因為我早上很早就起來了

從嬌嬌女到早餐店老闆

從小不做家事、不會煮菜的王筑祈，不但是大家眼中的嬌嬌女，還是一個茶來伸手飯來張口的敗家女，但一次機會，讓她成為一家賺錢早餐店的老闆娘，她怎麼做到的？

王筑祈從小就是家裡備受寵愛的獨生女，是個一個嬌生慣養的大小姐，家事根本沒碰過...

嬌嬌來就是最好的咖啡

自己研製創新熱賣商品

打工賺晚用在進貨、比賽上

良性互動，和氣生財

經營Data

財富女神 宥忻

媒體報導

Media reports

2016春茗會
傑出女性頒獎典禮
Spring Party & Outstanding Women Award Ceremony
WORLD OUTSTANDING WOMEN LEAGUE

總裁菁英班

有錢人腦袋訓練

內地企業家培訓

上海培訓1200人

扶輪青年領袖營

台中逢甲大學

王宥忻 著

財富女神
教 你 日 入 萬 元
9 個 月 賺 1 億
翻轉人生

楔子

由 22K 開始的人生，看不到希望嗎？

只有四位數字的戶頭，可能造就富豪傳奇嗎？

你，還在害怕未來不知道該如何走下去嗎？

心靈財富女神告訴你，

只要你敢要，你就一定能得到。

她，一個沒有任何背景的弱女子，

18 歲，家中破產，住的地方被查封；

19 歲，要打五份工才有錢念書；

22 歲，已經年收入破百萬；

28 歲，擁有 22 間房地產；

30 歲，資產已經破億，擁有財富自由。

這是心靈財富女神王宥忻的故事，

也可以是你的故事。

她怎麼做到的？

如果她能做到，

你，也一定可以做到！

目錄
Contents

第三部　致富技巧篇

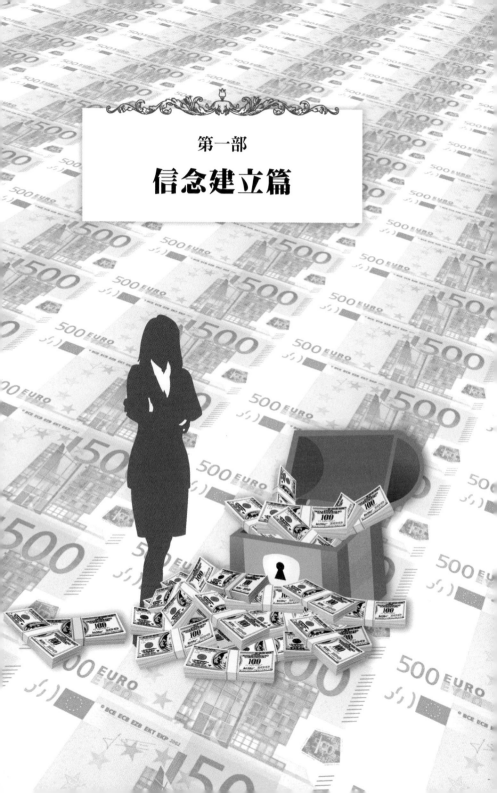

第一部

信念建立篇

|第一章|
這場遊戲你玩不玩？

　　許多人看到別人事業有成時，往往有兩種想法。

　　第一種想法是，在羨慕之餘說些：「他們都是靠運氣。」等風涼話；第二種想法是，只能望洋興嘆，覺得自己「永遠沒那個命」。當我們心中對富人貼上負面標籤，那怎麼可能成為富人呢？當我們心中已經自我定義「永遠沒那個命」，那又怎麼可能成功？

　　有一天，我去美容院洗頭。美髮師助理跟我很熟了，一邊幫我洗頭一邊跟我聊天。她知道我住在非常不錯的社區，也知道我在事業上成績亮麗，覺得我是個「有錢人」，便語帶哀怨的跟我說，她沒我這麼「好命」，她成長環境很淒慘，爸媽很早就離婚，她說她一輩子也無法像我這樣變成成功的人。

　　她可能覺得抱怨的話需要被認同，便問我：「王小姐，你覺得我一輩子也無法跟你一樣，對不對？」

　　我回答她：「是的！我想你說得都對。」

　　美髮師助理愣了一下，原本她以為我會客套的安慰她，要她不要想太多之類的，沒想到，我卻直截了當的告訴她：「沒錯！

你覺得你不可能成功，所以你不會成功。」

我就是要創造這樣一個效果，一個讓她可以反思的效果。

果然，她知道我這個人平日對人很好，絕不會故意這樣講話的，我會這樣說必有深意。我看她若有所思的樣子，於是平心靜氣問她：「你真的認為自己這輩子不會成功嗎？還是你只是不知道該怎麼做？也許，你先聽聽我的故事吧！」

👑 18 歲遭逢灰暗人生

不論你現在處在人生的哪個階段，擔任什麼職位，一定有個立足點，人們往往依照所在的立足點，評斷自己的人生。

為什麼美髮師助理覺得自己一輩子無法成功？因為她認為自己的立足點不好，她認為成長過程家庭沒給她助力，所以只能當個收入有限的洗頭妹。一個人的成功，一定要有「好的」家庭做依靠嗎？

今天我的年收入已達億元，但回首我的成長史，卻曾經窮到只能窩在一個租來的小房間裡，連下一餐都還沒著落。

那年我 18 歲，原本我們家境算是不錯的，爸媽做營造業，我從小不愁吃穿，中學念的是薇閣中學。在命運來敲我的房門、送來讓我驚愕的大禮前，我的人生基本上無憂無慮。

直到那天我回家，見證了像噩夢一般的場景。原本溫暖的家，那天卻門戶大開，我看到陌生人在我家進進出出搬家具，還

在我家門口貼封條。

然後媽媽哭著跟我說：「女兒，對不起，不是爸媽不想養你，是我們已經養不起你了」。

當時我驚訝到除了哭，什麼都不知道。只知道家裡出事了，這個家不能住了。接著要怎麼辦呢？我不知所措。只能跟媽媽借了六千元，自己去外面租房子住。從那天起，全家各奔東西，爸爸、媽媽、我和妹妹，各自紛飛。

我一個人找到一間很克難的房間住了下來，那是一個只能容納一張床，連書桌都放不下的狹窄空間。18歲頓失所有，連當下都還在處在驚嚇狀態中，更別說要去思考未來該如何了？

這就是我當年的立足點。家中破產負債千萬、父母離異，而我還是個學生，只有18歲，而且沒有任何工作經驗。

「如果你處在我當年的角色，你會怎麼看待你的未來呢？如果當年你看到這個一無所有家徒四壁的女孩，你會相信她將來有一天成為億萬富翁嗎？」我問美髮師助理。

「你覺得你的成長條件有比我糟嗎？你還會覺得自己的未來不可能成功嗎？」我又拋出兩個問題。

人生就像一個牌局，你手中拿到的牌，就是你的基本籌碼，如果一個人覺得只有拿到一手好牌時，才能夠玩出精采的人生，那麼，是否把自己看得太小了？你覺得大部分成功要靠老天給你夠好的環境、夠好的條件，什麼都要上天幫你準備好好的，你才能夠成功嗎？如果真是這樣，那屬於自己本身奮鬥的資質也委實

太少了吧？

我希望和各位朋友建立一個最基本的觀念，唯有這個觀念確定了，我們才能走出一條燦爛美麗的道路。這個基本觀念就是：

一個人能不能成功，建立在自己的信念，

你相信你可以，你終究就會可以！

你認為你不行，那沒人幫得了你。

這個基本觀念非常的重要，因為在這個世界上，只有你可以掌控自己的命運。就好像一輛性能不錯的好車，停在路邊不動，人們可以借助各種工具，用拖的、用推的來讓車子往前動，但終究最大的動力還是來自車子本身。一旦車子發動了，不需要任何工具拖拉，就可以快速往前。

所以我問美髮師助理：「你真的覺得自己不會成功嗎？這是你自己給自己下的定義嗎？還是一種自暴自棄，把一切歸咎給命運的偷懶藉口？」

當一個人說：「我不可能成功！」、「我做不到。」時，就好像一個學生在考試前就主動放棄填寫試卷，那結果當然從一開始就已經「注定」了，他根本連嘗試都不去試，也不可能會有好的結果出現。而當結果如「預料」中呈現，他考不上學校，就會說：「我就早知道會這樣了。」

既然一個人有那麼強大的信心，讓自己「早知道」自己會失敗，為何不把這樣的信念用在正面的方向，告訴自己「一定會成功」呢？

　　所以同樣的問題，我要問每個處在不同「立足點」的朋友們，我知道，可能有各種的狀況。

　　也許你家境不好，寄人籬下，從小就被人欺負；也許你個性木訥，不懂表達，在職場裡常被人取笑；也許你念書成績不好，學歷不高，無法找到白領階級的工作；也許你投資失敗，一貧如洗，躲債都來不及了，更看不到未來……

　　以上每件事都是代表一個你現在的「立足點」，但立足點不能綁定你的未來。上面所列的每一件事，看起來都很淒慘，但你知道嗎？我可以舉出許多的事業成功名人，他們當初的立足點比這些還要糟。

◆ 家境不好，寄人籬下？

　　王永慶小時候吃剩菜長大，十五歲起開始當學徒，歷經艱苦的成長歷程，後來成為臺灣的經營之神。張榮發年輕時喪父，在船上從最基層的管艙員做起，後來創立長榮海運帝國。

◆ 個性木訥，不懂表達？

　　汽車銷售之神喬吉拉德，他不但出身貧苦，幼年當擦鞋童常

被人欺負，並且他還有口吃的毛病。同樣的，日本銷售之神原一平其貌不揚，不擅表達，年輕時被親友嫌棄當成廢人。這兩人後來不但成為巨富，他們在各自領域打造的銷售紀錄亦無人能及。

◆ 學歷不高，前景無望？

學歷不高的成功企業家就更多了，許多世界知名的富商，如李嘉誠、松下幸之助、甚至大發明家愛迪生，學歷都不高。如果不要講年代太久遠的，單講當今世界首富比爾蓋茲，當年創業時也沒念完大學，他的學歷是後來事業成功後才補回來的。

◆ 一貧如洗，負債累累？

負債累累之後，東山再起開創成功事業者，這樣的事蹟更是比比皆是。這裡舉一個最極端的例子，世界知名連鎖速食企業肯德基，創辦人山德士在創業的時候不僅破產，並且已經高齡65歲。一個負債累累的老人，也可以成功嗎？他就是成功了。

聽了這許多立足點不好，卻成就事業成功富裕人生的例子，還有任何人可以舉出任何藉口，覺得自己不可能成功嗎？

♕ 決定讓自己當個贏家

成功的人找方法，失敗的人找藉口。

這世界上對你最有影響力的人是誰？

不是總統，不是上帝，也不是你的父母。

對自己最有影響力的人，就是自己。

只要一個念頭，你覺得自己一定可以成功，你就是會成功；相反的，你選擇要讓自己被綁在失敗者情結裡，你的決定別人也很難阻撓。

你「決定」要成功，就自然而然會找到方法。

同樣的，當你已經覺得自己會失敗了，舉目望去，還真的到處都是支持你的藉口，每件事都在證明你會失敗。

18 歲那年，我本來也可以放棄奮鬥，把自己交給「悲慘命運」的，畢竟，我真的遭遇到不幸，當年也看不到什麼希望。事實上，也真的曾經有那麼一個瞬間，我心中浮起「不如跳樓，從此一了百了，再也不用煩惱」的念頭。

剛遇到家裡被查封的打擊，長達一、兩周的時間讓我一蹶不振，那時我心境低落到跟誰都不講話。抱著不想讓人看笑話的自尊，我沒跟任何人說我家的遭遇。白天我如行屍走肉般的照常到校上課，晚上回到只有一張床的房間，看著陌生的四壁，以及窗外再也看不到希望的風景，突然悲從中來，忍不住淚流滿面。我一直哭、一直哭，把白天忍下來的淚水一口氣哭出來，還不夠，我的淚淹上了床鋪，把枕頭都哭濕了。

就這樣，沒有爸媽的疼愛，也沒有任何朋友的關懷，孤獨的我窩在被世界拋棄的荒蕪角落，夜夜以淚洗面到天明。

當時我沉淪了一個星期，也哭了一個星期。

終於，我從淚海中醒來，開始認真去思考我的處境。那時我真的站在高樓往下看，我的心變得異常清明，面對抉擇時的龐大思考壓力，讓我一夕間成長。我知道我不能再這樣每天哭下去，這樣子並不會改變任何事。

擺在我面前的只有兩種選擇：第一種，從高樓跳下去，然後一了百了。這個選擇最快，方法也最簡單；第二種選擇，就是面對命運給我的悲劇，繼續往前走。如果這是一齣一開始悲慘的故事，唯有靠自己才能將結局演成喜劇。

那天我轉身走回屋內，那個下決心的剎那，也改變了我往後的人生。

♛ 既然死不了，那我就把人生活的精采

於是靜默一周的我，開始講話了。講什麼話？當然是開口問哪裡可以打工？

我需要錢。不是可有可無的看有沒有賺錢機會，而是我「一定」要賺錢，不然就活不下去了。

由悲傷轉憤怒的我，對著鏡子裡的自己吶喊：

失去的，我一定會努力要回來！

　　這就是當時的我。那年我還沒立志要當億萬富翁，當時甚至還不懂任何的商業模式。但這就是信念的力量，即便只是一個18歲女孩，只要心中有個堅定的信念，並將這樣的信念化為行動。那麼，未來的路在那一刻就已決定。

　　親愛的朋友，現在的你處在什麼狀態呢？是碰到很大的挫折打擊，讓你沮喪萬分嗎？那麼，我不會要你不要悲傷，畢竟哀莫大於心死，碰到難過的時候，悲傷還是需要的。但我要告訴你，哭夠了，就趕快站起來吧！你的前方還有路要走。請在此刻做下你的抉擇，你是要朝前方積極邁進，還是繼續哭到天荒地老？

　　或者，現在的你感覺不好也不壞。你覺得自己平平凡凡，不至於窮無立錐之地，但就是感覺自己一輩子看不出什麼希望來。那麼，首先必須先打醒自己。醒醒吧！不要再過一天是一天了，試著讓自己擁有正面的思維。

　　請不要再說什麼「不可能做得到」、「我不會成功」這類的話了，因為如同我對美髮師助理說的，你認為你會怎樣，你就會怎樣。請試著讓自己心念翻轉。

　　覺得反正目前這樣的日子也還不錯，比上不足、比下有餘嗎？那這裡我要用幾桶冷水潑醒你。

· 你以為單靠著現在每個月幾萬塊的收入，到了六、七十歲有錢養老嗎？

· 你以為現在所服務的這家公司永遠不會倒嗎？如果在你五十歲的時候公司發生營運危機，或產業轉型不順被淘汰，若你中年失業怎麼辦？

· 你的存款夠用嗎？如果家裡忽然有人生重病，你的存款足以維持開銷嗎？

　　我曾告訴自己，人生要過就一定要過得精采，否則，有何意義？我現在家裡破產，身無分文，那又怎樣？我年輕沒有經驗沒有資源，那又怎樣？我的未來一定可以既富有又有成就，因為那是我的決定。

　　當你認真去想「未來」時，你就會發現，追求成功，不是「可有可無」的選項，是你一定要的選項。你一定要成為有錢人，否則你就無法好好的照顧你的家人；你一定要成功，因為你就是決定要這樣。當你這樣想的時候，你還要再繼續過一天是一天嗎？

　　學學當年 18 歲的我吧！

　　你可以對著鏡子喊，從今天起，我要有所改變！從今天起，我不要再當平凡人，我要追求成功！

　　所以，人生就像一場牌局，也像是一場遊戲。

　　我不鼓勵大家遊戲人生，那樣太消極了。我反而要大家認

真讓自己成為遊戲的贏家。如果你手上的牌不好，那恭喜你，因為那正可以證明你是靠實力贏取勝利的。如果靠著一手好牌才能贏，這樣誰都做得到，有什麼稀奇呢？

讓自己成為掌握命運的真正贏家吧！

只有做下這個決定，那麼我才能跟你分享更多的成功之道。

你，決定要當贏家，
你，決定要好好玩這場遊戲了嗎？
那麼，帶著自信滿滿的你，繼續往前邁進吧！

成功挑戰自我的練習題

【練習1】

親愛的朋友，你現在的「狀態」是什麼？是處在你理想的工作環境努力打拚，還是只是某個職域的過客？請花點時間，想想，你現在處在什麼狀態？這是你想要的人生目標嗎？

【練習2】

如果現在的狀態，不是你想要的人生目標，你願意吶喊出你想追求的目標，你願意吶喊出你的立志決心嗎？

不要擔心，你不用去戶外對著人群喊，但至少你可以在家對著鏡子裡的自己喊出心聲吧！請寫下幾個內心立志心聲，每天讓自己的心進入巔峰：

（舉例：我一定會讓老師同學們全部刮目相看、我一定會成為家族中最有成就的人、我一定會讓瞧不起我的人對我畢恭畢敬、我一定賺大錢讓爸媽一輩子過好日子……）

| 第二章 |
唯有堅持的人能得到獎品

　　如果命運發給我一副這麼糟的牌，首先，我要做一個決定，就是要不要繼續玩下去？當然，我要玩下去，我還那麼年輕，憑什麼要我提早退場？

　　既然做了決定，那人生就是要甘願。
　　這也是我往後人生不斷堅持的立場。

　　親愛的朋友，請你回首你的人生想想，生命中每次的大突破，是不是都是經過一番困頓摸索才能得到的呢？

　　曾經，我們看著人家騎腳踏車只能乾羨慕，後來自己學騎車，跌跌撞撞摔了好幾次，終於，我們可以駕馭雙輪單車了，那時心中的狂喜，你還記得嗎？

　　曾經，我們完全看不懂九九乘法，也搞不清楚如何計算較複雜的算式。但身為小孩的你當年因為「實在太難了」而放棄學習嗎？沒有！即便過程有點困難，你還是突破挑戰，打下你基本的數學基礎。

　　如果當年還是孩童的你，都可以「堅持達成目標」，為何

長大後反倒失去那份毅力呢？

所以，對於追求成功的人，我總是跟他們說，我沒有要你們必須向什麼大師追尋，才能找到成功方法。我只要你們「找回」原本那個願意面對挑戰的自己。

那樣的「自己」還在嗎？我相信一定在的。那麼，只要做回自己，成功就一定有可能，只是時間早晚而已。

👑 在逆境中吶喊出你反敗為勝的決心

不論一個人信仰什麼宗教，許多人在拜拜或祈禱時，總喜歡請上天給予「平安順遂」。但這裡要反思一個問題，若一個人總是處在平靜無波的環境，這是好事嗎？

如果沒有碰到種種的不方便，就不會有人為了改善生活而去研發出各種新科技；如果沒有碰到困頓的遭遇，許多創業家的人生可能就不會如此發展，那些成功故事一定無法寫就。

當然我們也不是要鼓吹多災多難的人生，但至少我們要反思，是不是我們處在安逸圈太久了？都忘了磨練自己「解決問題的能力」。有人會說，一生平平安安，過著小確幸的生活有什麼不好？但我要反問，你確定你「一生」都能如此嗎？如果年輕時沒經過挫折打擊，培養在逆境中成長的能力，當到了中老年才碰到重大危機，這樣會比較好嗎？

以這樣的角度來看，我反倒很慶幸，自己在 18 歲的時候就

跌到人生的低谷，讓我在最年輕的時候，就可以學習如何克服逆境。

當碰到逆境時，
第一件事不是悶著頭處理問題，而是建立正確信念。
與其花時間自怨自艾，和已無轉圜餘地的現況討價還價，
不如將目標往前看，爭取下一刻更好的人生。

要知道，信念非常非常的重要，同樣是處理問題，某甲是一邊抱怨、一邊心不甘情不願的做事，把自己包裝成悲劇受害者；某乙卻能坦然面對，知道這是上天給自己的考驗，我就是要做出成績不給人瞧不起。這兩者後來的發展，將有著天壤之別。

行動才能產生結果，
大量的行動，就能產生大量的結果。
大量有效的行動，就能產生成功的結果！

當年 18 歲的我，對著鏡子喊出憤慨的心聲，決定擺脫淚水，向命運挑戰。這樣的我，建立了初步的信念。有了信念就有了動力，有了動力，就可以產生行動。而行動，往往就是解決問題的最佳良方。

首先要面對的問題，當時我要念書，也要過生活。所以我

必須趕快賺錢，我必須找打工的機會。不但要找到，並且要快。

所謂心想事成，那時候《祕密》這本書還沒問世，但我全心只想著「要賺錢」這件事，因為這件事沒有退路，就是一定要成，我一定要「立刻有收入」。

從高二到高三，我白天上學，下課就去打工。到了假日，我更是從早忙到晚，最高紀錄曾經一天打五份工。

清晨三點多就得起床去送報，接著去當傳單派發員。趕著把派額送完，要在中午去餐廳當服務生，端盤子打掃。下午則去當小朋友的家教做伴讀，一到晚上，還必須去夜市擺地攤賣衣服。

沒日沒夜的工作，顧不得健康，更顧不得舒適。一分一秒都不能猶豫後悔。要知道人在絕境時，若想太多，只會讓自己更加畏縮退卻。

所以遭遇困難時，與其憂心忡忡，不如用行動代替說話。

就這樣我一邊打工，一邊維持課業。

多年後回想起來，當年的打工模式非常沒有效率，但若以學習的角度來說，我獲得了一生的無價經驗。

第一個學習收穫，我跳脫原本的視野，看到了更廣闊的人生。原本當個無憂無慮學生的時候，非常不知人間疾苦，透過打工，我才開始懂得去觀察人生百態。原來，這世界還真的有各式各樣的人呢！

在送報紙的時候，我看到有人為了賺生活費，隱瞞實際年齡，15 歲裝大人；也看到有中年失業的大叔，曾經是老闆，現

在騎著「歐都拜」，要拚東山再起的資本。

發傳單、在餐廳當服務生，以及夜市擺攤，更是看盡形形色色的人。

我想，這正是上天送我的禮物，如果我窩在原本的舒適圈，可能永遠也不會知道人間有這麼多不同面向。

當時影響我最大的一件事，不是擺地攤被警察追，也不是在某些場合看到刺龍刺鳳的黑衣人。影響我最大的事，是我看到很大的「貧富差距」。

時常在馬路旁工作，我看到許多上班族，穿著寒酸的行頭，總是行色匆匆、面容憔悴的經過。從不同的建築大樓裡，每天出出入入的人，愁容滿面的多，歡喜朝氣的少。

同時，我卻也經常看到，有的人平日行動都由司機接送，看著從黑頭車裡走出來戴名錶、穿華服的男男女女，我心裡就想，這世界好像大部分人都貧窮不快樂，卻又有人如此富有。

如果人生只有這一遭，那我當然要當個有錢人，不要當愁眉苦臉的窮人。

但要怎麼做才會變有錢人呢？

當時我還只是個高中生，我怎麼會知道？我必須問人。但要我問的同學們嗎？別傻了，他們只關心明星還有流行飾品，哪有多餘的心力思考未來？

要問就要問老師，於是我去問我的導師每個月收入多少錢？答案是一個月五萬多元。

　　五萬多？這是我未來的目標嗎？我未來只想要年收入幾十萬嗎？我已經窮怕了，這不是我的未來選擇。

　　改變命運最好的方法是學習，但我可以跟誰學呢？

　　有一天打完工，我途經一家書店。老實說，從前的我不太愛看書。拜託喔！學校的書已經夠煩人的了，誰還有空去看更多的書呢？

　　但那天我受到一種內心的指引，走進了這家書店。發現原來書有分那麼多種類，光「勵志類」就占了一整個書櫃。

　　就在那裡，我發現我可以學習的對象。

　　原來，學習的對象都是在書裡。我看到了《拿破崙希爾成功寶典》、《二十一個億萬富翁的故事》、《有錢人成功心法》……等許多教人成功、教人有錢的書。我真的想成功，我決心想變有錢人，於是我就站在書店裡，一站就站了四、五個小時，簡直忘了時間，直到店要打烊我才恍若隔世般，帶著滿滿的新知識走回大街。

　　天啊！我找到答案了。

　　我知道為何上天讓我跌入家中破產的困境了。

　　因為上天就是要讓我變成有錢人啊！

　　這些成功書籍裡的主人翁，不論是從事哪一個行業，他們大部分人成長的過往，日子都曾經過得比我還慘，但他們都能從悽慘的處境中走出一條自己的路，最後成為億萬大富翁。

所以，我有一天一定也可以成為億萬富翁。

就在當下，我心裡吶喊著：

雖然我不是億萬富翁的子孫，

但是我一定要成為億萬富翁的祖先！

從此我的人生有了明確的方向。

書籍對我的影響很大，這也是我後來成為億萬富翁後，立志要出書幫助更多人的初衷。

親愛的朋友，我希望這本書可以幫助你得到某種啟發。我的人生改變了，也希望你的人生有所改變。

♕ 帶你通往成功的人生三大引擎

信念很重要，行動很重要，但作為奮鬥人生的基礎，還有一件事也很重要，那就是「堅持下去的毅力」。

一個人，必須具備這三個基礎人生態度，才能脫離舒適圈，走出一番新局。

成功的人和平凡的人最大的不同，不是他們天賦異稟，不是他們受到上天更多眷顧，而是他們讓自己飛往成功的火箭，動了起來。

飛往成功的火箭

　　如同上圖，每個人也許資質不同，出生背景有差異，但基本每個人都如同圖上的那個火箭主體，可能有的大些，有的小些，但大小並非影響成功的主要差異。下面三個發射引擎，才是通往成功的基礎關鍵。

◆ **信念是核心引擎**

　　如果一個人碰到問題就自怨自艾，如果一開始就設定自己「不可能」，那麼人生的主引擎熄火了，這樣的人怎可能成功？

◆ 行動是動力引擎

　　單有信念，卻少了行動，即是所謂「一鼓作氣，再而衰、三而竭」。我們經常看到有人去聽了演講或看了勵志電影後，心中澎湃洶湧，立志要做點什麼，但通常只是喊喊，沒有後續行動，等心中的熱情過了，又回歸現狀，因此常被笑是三分鐘熱度。這樣的引擎沒有發動，火箭無法啟動，又怎能成功？

◆ 毅力是備用引擎

　　當你抱著正向信念，也真的行動了，但那只是通往成功的開始，若此後一帆風順也就罷了，但奮鬥人生絕不會那麼平順，總會有種種挫折挑戰阻撓你，這時候，才是考驗的開始。有毅力的人，就像被眾人潑冷水、被現實打到痛苦不堪，還是會堅持對的信念，繼續往前。這就好像主引擎啟動，碰到狀況有點危機時，備用引擎會適時上場，讓火箭繼續運作。

　　我經常看到人們曾經努力又功虧一簣，比起甘於現狀、不思進取的人，他們已經比較積極認真了，但仍未有所成，所缺的就是毅力。

　　我所聽過傷害一個人成功機會最大的阻礙，就是自我懷疑，**懷疑是通往夢想最大的毒藥。**

　　當碰到不如意，一個沒有毅力的人，就會讓懷疑占據自己的腦海。所謂「物質不滅定律」，一個人的腦如果不是被正面思

想主導，就是被負面思想主導，包含什麼都不想的茫然失措，也是負面思想的一種。

當年你學騎單車時，是否也曾有過懷疑，我怎麼可能和地心引力對抗？我怎麼可能讓兩個輪子不會倒下，還可以前進？如果你根本就不相信這件事，那一輩子就不可能學會單車。但你終究學會了，不是嗎？這過程中你必須戰勝心中的懷疑，靠著毅力，不斷練習再練習，當你學成，回首過往曾經的懷疑，就會自嘲，當初自己怎會不相信自己？

同樣的，現在的你想要成為千萬富翁？想要讓父母家人過更好的生活？但你不免會想著，現在社會普遍低薪，我怎可能讓自己月入達六位數字？就算月入超過十萬，又怎可能讓自己年收入千萬？

是的，一開始會有懷疑是正常的。接著，你就必須秉持著當年學會騎單車的精神，相信你就是可以做到。

一當你相信你的方向是對的，你要做到的，就是不要懷疑。
想達成目標，你要懂得不要懷疑，
不要懷疑這個世界，這世界不是為了和你作對存在的。
不要懷疑自己的使命，只要相信，你一定會達成。

如果有人告訴我，人性本惡，這世界不是到處都有詐騙集團？那我要說，你這是刻意在找藉口，避開這裡所說的主題。親

愛的朋友，我希望你們不要懷疑自己會成功，但當然不是要你當個沒有主見、容易被騙的凱子，這是兩個不同的概念。**我們對人對事要懂得判斷，但對自己的信念絕不要懷疑。**

以我自己來說，以前還在念中學時，人家問我，你將來要做什麼？我回答要當老闆或要當明星，但我那時只是隨口說說，其實我並沒有強烈的認知，我將來要做什麼。反正船到橋頭自然直，以後的事以後再說，不是嗎？

但家裡破產，成為打工仔的我，已經有了明確的人生目標，我將來就是要當個億萬富翁，這是個堅定的信念。

18 歲的我雖然立下志向，但是要怎麼達成我卻還不知道。當時的我為了賺學費及生活費，每天毫不懈怠的工作、念書，念書再工作。我也曾做過業務，雖然賺的錢比較多，但也只是種工作，尚未形成我未來的人生藍圖。

然而，生存的現實讓我早熟，我比同年齡的人更懂得思考。

當時我想著兩件事：

第一，我現在做的事是對的嗎？

第二，如果照現在這樣下去，我接著會怎樣？

首先，我雖然努力打工，收入比一般學生要好很多，同時我省吃儉用，許多日子僅以泡麵果腹。但即使我這般幾乎不吃不喝的生活，扣掉房租及各種生活中必要的花費，直到畢業那天，

戶頭裡我這一兩年努力存下的錢也只有區區十萬元。這離我億萬富翁的志向有多遠啊？可見光是努力工作並不是個好選項。

　　既然打工已被證明只能勉強過活，那我難道要把時間都賭在這件事上，甚至犧牲學業嗎？如果我不繼續升學，那我的前途會是如何？

　　我知道許多億萬富翁學歷都不高，他們靠著辛苦打拚打造出他們的江山，但年紀輕輕的我也知道，時代不同了，應用的法則也要改變。在 21 世紀，學歷已是生存的基本條件，靠著中學文憑就想闖天下，不是不可能，但我不想做這樣以一生做賭注的冒險。

　　更何況，經過長期的打工我已經發現一件事，那就是學得越多，可以提升視野，讓我們看到更寬廣的境界。包括認識更多的人、懂得更多事物背後的原理。因此，我必須受到更多教育，我必須升學。

　　教練的級數，決定選手的級數。

　　跟學生學，就只能達到學生的格局，

　　跟老師學，可以達到老師的格局，

　　只有跟大師學，才能達到頂尖的格局。

　　我想變成億萬富翁，那就要跟億萬富翁格局的人學，我當時身邊沒有億萬富翁，但書中有，電視裡也有。

有一天，我在工作的餐廳下班後，跟其他同事邊換下制服邊看電視，剛巧看到一段王永慶專訪的影片。他當年講的話我早已忘記，但我卻清楚的記得一件事，王永慶本身學歷不高，只有小學畢業，但他找了很多大學生來幫他做事，創造臺灣第一的企業版圖。

　　我記得的不是小學生也可以管很多大學生，**而是他創業然後創造財富**。

　　所以我當時心中有個強烈的念頭，打工只是一個過渡期，若我想達成我的人生目標，我就一定得創業。

　　我知道，現代許多年輕人心中也是動不動就喊著要創業。但別忘了，我當時還是個高中生，並且，我不是坐在象牙塔裡空喊著要創業，我是已經自力更生賺錢養自己奮鬥了兩年的女孩。我心中的決心，不可忽視。

　　其實，如果說我的人生現在有任何值得別人敬佩的成功，那根源只有一個，就是我心中有著毫不動搖，一定要做到的決心。

　　這件事如此確定，我只要決定做一件事，就真的相信自己一定可做到。我要創業，我就相信我一定可以創業，即使當時我還未滿二十歲。

　　而在那之前，還有一件我下定決心務必要完成的事，那就是我不但要高中畢業，並且一定要考上「理想」的大學。

如果你當時是我同學，一定覺得我是在癡人說夢。

這個女孩，成績在班上總是墊底不說，每天氣色不佳，花樣年華長相不差，卻搞得自己臉色蒼白得像鬼一般。不和同學出遊，也看不出有在念書的樣子。同學們甚至都以為這個女生可能高中畢業後就要去當女工了，搞不好根本不會去參加升學考試。

但她們錯了。原本我模擬考分數只有不到一百分，但我既然下定決心要考上好學校就沒得商量。剛好我聽聞老師說過，他從前念書時代也是成績不佳，但立志念書拚了半年，最後竟然考上臺大。如果他能，我一定也能。目標不用臺大，但考上理想大學應該沒問題吧！

我狠下心來，將省吃儉用的錢投資幾萬元去念考前衝刺班。同時也將所有的打工都停掉。

一方面斷了收入，一方面又花了大錢。這樣的我，如同楚漢爭霸時代韓信背水一戰般，已經沒有退路，只能拚命念書、拚命念書。

最後，在同學們的訝異眼光下，我考上了世新大學。

別人的反對，不能構成阻擋我的理由。
堅持自己，我就能拿到自己的人生獎品。

【練習 1 】

親愛的朋友，你一定知道自己的人生信念，這是你應該念茲在茲、不可或忘的強大人生動力，請列出你的五個人生信念。

【練習 2 】

確立了你的人生信念，你決心要做什麼來改變你的人生？

【練習 3 】

如果你覺得成功還離你很遠，那麼，是什麼阻礙了你？你決心要做什麼來消除這些阻礙？

【練習 4 】

你有學習的楷模嗎？有沒有什麼人可以代表你心目中理想的成功形象？是哪個大企業家或哪個名人？（甚至自己的父母親也可以是你學習的對象。）列出這個人，並描述他的哪些特質，是你要追隨效法的。

｜第三章｜
侏羅紀世界的奮鬥哲學

這世界就是信念的比賽，

不是你催眠別人，

就是別人催眠你。

👑 成功的定義由自己下，不該由別人決定

當我們看拳擊賽或者各種類型競賽可以發現，不一定是拳擊技術最好或者跑最快、力氣最大的人得到最後勝利，而是能「撐到最後」的人得到勝利。

可以說，任何競技，最終都是**意志力決定勝負**。人生也是一樣，有強大決心、強大意志力的人，可以突破重重考驗，達到成功。

意志力強大的人，就可以不畏挫折，更不畏冷言冷語。相反的，大部分人很容易受別人負面話語的影響，也就是說，很容易被別人的信念催眠。但這還不是最糟的，最糟的是許多人會自己催眠自己，甚至當別人願意給他正面打氣，他還會自己告訴自己：「我不行，我能力不夠，我做不到。」這種人真的把催眠的

35

力量發揮到極致，可惜是用在錯誤的方向，把自己催眠到真的不會成功。

這世界可怕的地方，許多人不只催眠自己認為自己不會成功，還催眠別人希望別人一起沉淪滅亡，甚至催眠別人反過來說服你自己，說你不會成功。

所以建立強大的意志力，以及正確的學習對象很重要。

我們從小讀過許多的書，從基礎的四書五經，到不同學門的專業學科，但學校書籍沒有告訴我們一件最重要的事，那就是：如何讓自己面對世界，更別提讓我們如何追求成功。

那些之乎也者的學問，描述了許多道德理念，告訴我們什麼是做人的道理，但當面對殘酷競爭的社會，學生們無法從校園中習得如何面對競爭的課程，而必須和社會大學學習。

跟誰學呢？第一個是跟身邊周遭的人學，第二個是跟媒體學，第三個才是自修找書讀。於是乎，許多人變得比較世故，另一群人則是彷徨失措，還有人則變成現代版阿信，覺得自己永遠總倒楣。

他們一方面做一行怨一行，一方面又不知道如何成長，為什麼呢？因為「周遭的人」大部分都是這樣，所以大部分人就跟著變成那樣。加上媒體的推波助瀾，喜歡隱善揚惡，誇大各種負面的社會新聞，於是社會的氣氛就變得消極灰暗起來。

大導演史蒂芬史匹柏有一部知名的電影，叫做《侏羅紀公園》，許多人後來發現，原來整個社會就是侏羅紀社會，有本事的可以成為千萬富翁，其他人則怒吼一輩子買不起一棟房子。

當面對強者愈強、弱者繼續沉淪的社會，我們可以怎麼自處呢？

有的人明哲保身，選擇可以倚賴的公司保護自己，這樣的人害怕面對競爭，而且這樣的人非常多。我們可以統計，當社會新鮮人投遞履歷時，有多少人願意一開始就選擇沒底薪、收入多少一切憑本事的業務工作？大部分年輕人都追求有好的薪水、好的福利的工作。從好的角度來說，他們是在追求安穩，但講直白些，許多人根本就是逃避辛苦、沉溺安逸。

有的人隨波逐流，人云亦云。聽說投資什麼好，就跑去嘗試；聽說這個產業不錯，就一窩蜂跟隨。但缺少主見的人，往往淪為後知後覺的老鼠，人家衝第一個是藍海市場，衝第二個是抓住趨勢，最後一個跟的往往什麼都沒有。

有的人喜歡以「不變應萬變」，實際上卻是「根本不改變」。如果幸運能處在一個穩定的環境，也許可以安穩退休到老。但人生不能只靠幸運，如果不幸一個風吹草動，就連鐵飯碗也會被打翻，那時不變也得變，但這樣的人卻往往已經不懂如何改變。

親愛的朋友，前面兩章和你們分享了信念的重要以及堅持毅力的重要，這一章讓我們一起面對競爭的社會，並且勇敢的讓自己成為敢面對挑戰的人。

👑 不只是要，而是非要不可

18歲那年，我已經家裡破產，開始自力更生，做過許多份工作。當時我就許下心願，我要成為億萬富翁的祖先。

正確信念很重要，有著強烈追求成功的決心也很重要。但單靠這樣就可以變成億萬富翁嗎？

成功不只要有信念，並且要有很強大的信念，是那種「非要不可」、不達到目標就不放棄的狠勁。

當有了這樣的信念，你就會不斷修正自己的方向，而不只是一味的執著眼前事物悶著頭苦幹。

苦幹實幹是種努力，但不是信念的具體表現。當發現原來的方法不可能讓我們變成億萬富翁，我們就必須調整改變。

好比一輛裝有ＧＰＳ導航的汽車，要達到目的的，不是拚命踩油門就好，必須懂得適時調整方向盤，一當發現方向不對，就要調整再調整。

渴望的程度有多大，成功的可能性就有多大。
一個人在往前衝的路途上最大的限制，
就是自己「有多想要成功」。

渴望越大，意志力就越大，就越不會受負面聲音所影響。就好像我們開著這輛ＧＰＳ導航的車，當我們在調整方向的過程

中，我們總是會聽到許多雜音。

「你上班就好好上，不要去想東想西做賺大錢的白日夢。」、「絕不要去從事保險工作、傳直銷工作，小心你既賺不到錢又會得罪朋友。」、「不要被那些業務騙啦！那些業務都想拉你當墊背的，實際上賺錢的是他們，你連分一杯羹的資格都沒有。」這類的話是不是常常聽見？從 18 歲那年，我就聽過許多這類的話。

從最開始創業當早餐店老闆，到 30 歲後投入健康產業，過程中負面聲音不斷。如果一個人沒有堅定的信念，別人在你心湖投下一個「否定」的石頭，就能激起你自我懷疑的漣漪。若每個雜音都能讓你停下來，那一個人根本寸步難行。

如果當年我被各種負面聲音所左右，每件事都不敢嘗試，那今天絕不會有這個成為億萬富翁的我。

18 歲那年，我還是個打工族。沒人看好我這個弱女子可以做出什麼成績。但我的信念非常堅定，沒有任何人的負面聲音可以影響我。

「心想事成，心想事成。」我心中非常堅定的確認這件事，到後來，就如同呼吸一般自然，我總是深信「心想事成」。那時我不想再當打工族了，我想要創業，後來就真的當了老闆。

因為有強大的信念，我就是一心要成為億萬富翁。當時也沒人教我，但我懂得自我正面催眠的重要，後來才知道這就是「潛

意識激勵法」。當時我用辛苦打工存下的錢，拿出兩、三千元去買了一臺錄音機。做什麼呢？不是聽流行音樂，而是錄卡帶給自己聽。

真的，沒人教我，但我當時心中就有一股強大的信念，要讓自己完全融入一種上進的心境。於是我自己錄下了這類的話：

「王宥忻，你一定會成為億萬富翁！」
「王宥忻，你是全世界最聰明、最有前途的女孩！」
「王宥忻，有一天所有的人看到你都會想跟你合作！」
「王宥忻，你做任何生意都會成功！」

這樣的事，我絕不敢跟任何人說，怕被別人認為我是神經病。後來我才知道，我的做法就是典型的「潛意識思考法」，我當時透過錄音不斷自我加強，這其實就是自我催眠，自己透過潛意識賦予自己力量。

就在我考上世新大學同一個月，別的新鮮人是開始想著要談戀愛、參加社團，過著快樂玩四年的校園生活，我卻已經開始在想著怎樣落實我的創業夢。

然後，我的潛意識訓練發功了，我真的心想事成，我以一個大學學生的身分，開早餐店當了老闆。

👑 行動了，就會真的變厲害

我們身邊都是怎樣的朋友呢？當你有一個很大的夢想，並且每天都熱情的在談這個夢想，他們是怎麼看待你的？

一個人身旁的朋友是益友還是損友，這時就可以看出來。如果是損友，通常分幾個階段：

第一個階段是輕視

一半人覺得找到飯後閒磕牙的話題，心想你能做到才有鬼呢！一半的人則聽聽就算，畢竟每天都有人喊著夢想、夢想，但能實現的沒幾個。

第二階段是觀望

等你好像開始真的朝目標一步步邁進，許多人就在一旁等著好戲，呦！還真的有模有樣呢！看你可以撐到幾時？

第三階段是排擠

好像你真的做出一點什麼成績出來了，他們覺得「不對」了，有的人開始眼紅，總想找機會「糾正」你。甚至那些一開始不挺你、只冷眼旁觀的人，現在也出來發表意見，想要干涉你的夢想。

第四階段是幻滅

有句話說：「幻滅是成長的開始。」但這裡指的幻滅，不是指你的夢想幻滅，而是損友們希望看你笑話的期待落空了。你真的成功了，他們有的選擇巴結你，有的選擇疏遠你。

但不論別人怎麼想，你就是你，不該受這些負面的思維所影響。這世界人人都有自己的想法，每個人的想法，構成他們的人生結局。

我們不只聽其言，還要觀其行，最重要的是看結果。那些整天抱怨整天潑冷水的，過的是平凡失敗的人生，那是因為他們的錯誤信念，導致他們的狹隘格局。我不要成為那樣失敗的人，那些說出負面想法的人不能夠影響我。

念大學的時候，就已經想創業，這是我那時強大的夢想。而夢想的實現不一定要走太遠，夢想就在我家巷子口出現。

某天我出門要去上課，經過巷口，剛好看到那兒貼了張紅紙，那家印象中開什麼倒什麼的店，當時輪到的苦主開的是早餐店，也如同之前來來去去的失敗者般經營不善，公開轉讓。

顧不得我的戶頭只有十萬元這個事實，行動就是力量，我一看到那張紅紙，我完全沒有猶豫，就立刻走進店裡問老闆。

「老闆，這家店要轉讓，請問多少錢可以頂讓啊？」我問。

老闆說，只要十八萬就可以了。

「老闆，可是我身上只有十萬元，可以先付十萬，之後用分期付款方式承接嗎？」

老闆皺了一下眉頭，並沒考慮太久，就說：「好吧！就這樣談定了。」

整個過程看起來有點兒戲，但真的就是這樣，我一個大一女孩，過往沒有創業經驗，手上也沒有足夠的錢。但真的就談成這個店面，當天我的身分就變成了早餐店老闆。

可見這家店原本生意有多爛了，爛到只要有人願意承接，老闆就願意脫手。這件事不是只有我在說，而是左鄰右舍都來嘲弄我。

「妹妹啊！你知道你在做什麼嗎？連蛋都煎不好，就想來開店，你以為是扮家家酒嗎？」

「小朋友啊！你不專心去學校念書，站在這店裡幹什麼？這件事一點都不好玩喔！」

「喂！年輕人。你難道不知道這家店開什麼倒什麼嗎？你哪根神經秀逗了？」

是的，當時的我，除了「要創業當老闆」這件事很確認外，其餘什麼都不會，每件事都是未知數。

怎麼做漢堡？不會。事實上我從小到大從未下過廚。

怎麼備料、怎麼庫存管理？不知道。我只是臨時抱佛腳似的，能跟前店主問多少是多少？

開店要怎麼賺錢？會不會虧損？這我也不懂。

儘管看似什麼都不會，我卻有一樣最強大的東西，那就是我堅定的信念。我就是要創業，我就是要朝追求財富的夢想一步一步邁進。

開店也許我外行，但我堅定我一貫的信念：

不做則已，一旦做了就只有一條路，那就是往前。

往後的人生裡，我也總是秉持著這樣的信念：

你不用很厲害了才開始行動，

唯有當你行動了，你就會變很厲害。

於是我這個才剛參加完大一迎新儀式的年輕女孩，同時也成為「新手上路，多多指教」的早餐店創業老闆。

今天，當你做了一個新決定，只要是符合你的夢想，你就不要懷疑，不要害怕。

你剛離開一個有穩定薪水的公司，決定投入靠業績決定每

月收入的新工作，這時候你一定會聽到一堆負面的聲音，說你：「腦袋是不是秀逗了？」等等。

請記得，這是你的選擇，不要讓別人的聲音阻撓你原本的選擇。

你發現一個很棒的商機，找到一個還沒有人發現的新市場，於是打算解約儲蓄多年的定存，拿這筆錢做為創業金。這時候一定會有很多人基於好心，要你「想清楚」再做。但只要這個商機是經過你仔細分析，而不是被人洗腦，自己卻完全不懂狀況。那你一旦做了決定，就不要被外界聲音影響。

你做了一個別出心裁的設計，挑戰了以往從未有過的呈現模式。身邊的人一定會問你：「你知道你在幹什麼嗎？不要拿這怪東西去鬧笑話了。」但古今中外，天才總是走在時代尖端，只要你對自己的設計有足夠信任，就不要被那些雜音所動搖。勇敢展現你的新設計，也許，你將打造一個全新的商業流行。

這世界有太多的故步自封，有太多的人總是打安全牌。若你想突破窠臼，創造人生新的可能，就不要被其他人所影響。

他們就是因為不願意尋求突破，所以才只是平凡人。

今天起，堅定你的信念。

你是以身作則的成功楷模，不再是處處受傳統觀念催眠的平凡人。

侏羅紀世界並不可怕，這樣的世界，正好讓有才能的人一展長才，成為引領別人方向的時代舵手。

👑 成為你人生的主角

人生這齣戲，誰是主角？

那還用說，自己一定是主角。但真的是這樣嗎？如果自己是主角，為何那麼多人選擇把自己的人生主導權，交給別人呢？

這些年來，我因為投入健康產業的成功，在我達到財富自由的境界後，我的人生主力目標是想要幫助更多人成功。在這樣的過程裡，我透過演講分享以及事業輔導，嘗試幫助很多人。

在我幫助人們的過程中，我發現我最大的阻礙，不是我有沒有足夠時間或能力幫助那麼多人，而是有太多的人，自己阻止自己成功。

怎麼會有這樣的事？一個人自己不想讓自己成功？其實不是他們不想，而是他們選擇將人生主導權交給其他人。他們想成功，卻不去問已經成功的人，而是去問根本對他的新事業不了解的人。理所當然的，他收到的都是負面的聲音，也因此他讓這些負面聲音主導，自己懷疑自己。面對這樣的人，我就算想幫忙，也難以著力。

親愛的朋友，我知道你一定時常聽別人說過，要賺大錢就一定要做業務，不然就一輩子無法有錢。我相信一個人若有著強大的信念，能用心投入一件事，就算不是業務性質工作，也能夠達到他那個領域的最大成功。而一個資深業務如果一味只會靠著努力、努力再努力，缺少適當的工具以及好的信念，也不保證就一定可以長期保有高收入。

如果我們已經用事實證明，可以透過有效的模式，讓一個肯用心投入工作者，得到比一般人高好幾倍、甚至超過十倍的收入，你願意相信嗎？如果不相信，那請問你是不相信老師說的話，還是不相信你自己呢？

投入健康產業以來，我和先生一起創造了一個華人世界無人可及的紀錄。我們在短短九個月時間內，讓旗下的銷售組織，由五個人基礎成員，最終拓展到超過二十二萬會員，其中並有五千多人已經達到日收入破萬的標準。而整個組織的業績，更是達到一天營業額一億元的成就。

這樣的紀錄，不只帶領我進門的上線及這家公司的其他前輩們達不到，事實上，我沒有認識任何一個健康產業的前輩，可以用這麼短的時間達到破億的成績。

同時我輔導了許多的朋友，他們有的曾經開公司當老闆，有的在傳直銷界打拚超過十年，但唯有加入我的團隊，應用我提供的方法，才能讓他們的生涯有了大突破。

當我看到那些原本因投資失利負債百萬的朋友，跟著我的作法現在又東山再起，擁有千萬財富，看到我就不斷痛哭，感恩我的幫忙。我總是不厭其煩的說一句話：「除非你自己願意，否則這世界沒有人可以幫助你成功。」

所有的成功，主角一定都是你。

「自己」有多重要？可以說是不可或缺的重要。

就好像 1,000,000,000,000……，一個 1 後面可以有很多的 0，代表著龐大的財富，但如果沒有那個 1，後面每位數字的 0 都不可能出現。

很奇怪的一件事，我經常聽師長教人不要太過驕傲、要懂得謙卑。但我所看到的社會現象，大部分的人卻都太過謙卑，一方面口口聲聲說想要賺大錢，另一方面卻又覺得自己好像不配擁有財富。

有個朋友和我聊天，她告訴我：「你知道嗎？世界上最遙遠的距離是什麼？就是從別人的口袋到自己的口袋啊！」

我一聽到這話，就站起來拍拍她肩膀，「你一定沒什麼錢對吧！」

她問我怎麼知道。

其實這一點也不奇怪，因為是她「自己設定的藍圖」。當她強烈認為「要讓錢從別人口袋進到自己的口袋，是世界上最遙

遠的距離」，那錢怎麼可能源源不絕到她口袋呢？

♛ 問題不同，答案不同

在達到成功的路途上，問對問題很重要。

問題決定焦點，焦點會決定結果。

就好像我們去百貨公司買衣服時，如果店員問我們要或不要，我們就會思考要或不要，然後答案是不要，一句話結束交易。但如果店員問我們喜歡藍色或紅色的，我們思考的就是要買這件好還是那件好？至少會買一件。

在人生這件事上，我們問自己對的問題，問自己：「變成億萬富翁後我要做什麼？」而不是問自己：「我怎麼可能成為億萬富翁？」

當我們問自己有了錢之後就要買一輛保時捷，然後就會去想像我們開保時捷的樣子。當你有了具體的藍圖，就會開始問保時捷一輛多少錢？假設一輛要一千萬，那我們如果一年內就要買到，就是每月要賺至少一百萬，換算下來，每天的業績就要二、三十萬。

當聚焦在這件事上，從目標到過程的每個環節，都會在你腦海中亮了起來，為了開那輛保時捷，你自然而然每天努力拓展

業績，一步一步朝你的保時捷邁進。相反的，若你想著：「怎麼可能成功？有那麼多困難！」接著你就真的發現，今天有很多困難，明天也有很多困難，因為你的焦點就是那些困難。無怪乎會被困難打倒。

我從 18 歲家中破產開始，一個人自力更生，賺學費、拚生活，從事過許許多多不同的工作。但當我追求目標時，我的心中只有一個念頭，就是「一定要把事情做成功」，除此之外，再無其他想法。

我不去想「萬一失敗怎麼辦？」、「這件事很難怎麼辦？」我的想法如此深入內心，當時我覺得這樣的想法「理所當然」，我一點都不覺得自己有什麼特別。乃至於後來常有人邀請我上電視分享創業之道，我才知道，原來這世界上大部分人都不是這樣想事情的。

這真的很令我訝異，竟然人們經常想著負面的念頭，他們寧願去想「不成功」會怎樣？也不去想「我一定要成功」。

親愛的，你們想要賺大錢，想要達成你們人生設定的種種目標嗎？那麼請將人生主導權牢牢掌控在你手上，堅定自己信念，任何人都可以懷疑你，只有你自己沒有資格懷疑你自己。

所以，怎麼樣做一件事，方法很重要。但做這件事的主角更重要。

　　我自己本身也是塔羅牌老師，經常有學員跟我說：「老師啊！我真的很想交到好的男人，我總是祈求上天不要再讓我遇到壞的男人。但我強烈的想望，並沒有化為現實啊！」

　　我問學員，你是怎麼想事情的？可否說說看。

　　學員說：「當然是說，不要再讓我遇到壞男人啊！」

　　我問她，假想宇宙是一臺電腦，你輸入什麼，它就看到什麼，那麼，電腦看到你輸入的是什麼？

　　學員說：「不要再讓我遇到壞男人啊！」

　　我說：「不對，電腦看到你輸入的是『壞男人』，所以你總是遇到壞男人。」

　　同理，你一直想著「不要失敗」，那麼「失敗」這兩個字的意念就會被輸入；你想著「不要再發胖」，那「發胖」的意念就會被輸入；你想著「倒楣的事不要來」，不幸的，你越想就越是在傳達「倒楣」兩個字。

　　當然，想著「不要失敗」的人還是可能成功，但成功的過程一定不會比心中想著「我就是要成功」那麼平順。

　　今天起，試著凡事都用「我一定要」做思慮基礎：我一定要把這件事完成、我一定要拿到冠軍、我一定要創造業績、我一定要達到目標、我一定要變成有錢人。

　　如果你這樣想，最終卻仍沒有成功，那麼我相信，你並沒有很「用心」去想，你一定心中留有餘地，心中還在心存僥倖，

51

以為「不必那麼認真」吧！

　　既然你不必那麼認真，那麼宇宙為何要對你認真？為何要讓你達到目標？

　　下定決心吧！就好像你已經背水一戰，除了往前沒有其他路了，往前走這件事如此「理所當然」，根本就沒其他選項。

　　那麼，你就可望得到你企盼的成功。

成功挑戰自我的練習題

【練習1】

親愛的朋友，你的信念夠強大嗎？強大到任何的負面聲音都不能阻止你。請列出你想要達到的人生目標，然後在你想要實現目標的過程，你會聽到哪些反對聲音，你要如何因應？

反對聲音1

你的想法：

反對聲音2

你的想法：

反對聲音 3

你的想法：

反對聲音 4

你的想法：

【練習 2 】

是否曾經你堅持你的夢想，聽從你內心的聲音，即便經過重重阻擾，你仍能走出自己的路，寫下自己「成為人生主角」的經驗。試著問自己正確的問題。

舉例：如果你的人生目標，是當個有一千個員工的集團老闆，那你的問題應該是：「我要經營怎樣的公司？」、「我的公司是長什麼樣子？」

我的目標是：

我的問題應該是：

| 第四章 |
成功來自於你創造的價值

一個人的財富，絕對和自己創造的價值成正比。

一個人努力為「自己」賺錢，那賺到的就是個人工資；

一個人願意為「團隊」賺錢，那你就變成老闆；

一個人可以為數萬人創造財富，那你就會成為億萬富翁；

一個人可以影響全球人的財富，那你就會是首富。

　　有一話說：「付出越多，獲得越多。」

　　許多人以為這句話只是為了鼓勵人們做公益，只是一句道德勸善文。但實際上，這句話卻是個至理名言。我相信許多的億萬富翁，就是因為確實做到這句話，才能夠加快他們致富的腳步。

　　現實生活中，在我們身邊就可以看見這樣的例子。一個人若是斤斤計較，連借你一枝原子筆都念念不忘，這種人格局太小，不會有大發展。

　　試想，在生意場上，難免會有你幫我、我幫你的時候，若要你幫一下忙，就像欠你多大的人情似的，那誰願意幫你呢？

　　相反的，一個人若凡事與人為善，有報酬時，可以多分給

別人的就分給別人，幫人家服務，總是比別人要求的多做一點，這樣的人比較受到歡迎。當有商機到來或任何的合作機會，人們也比較願意和肯付出的人分享。

你覺得你的事業很難拓展，收入總難超越一個瓶頸嗎？也許，突破的關鍵點不是向別人要什麼，而是你可以「給別人什麼」？

♕ 衷心希望客戶喜歡我的服務

當年我還是學生的時候，就已經發現「創造價值」的重要。創造價值，不是給別人好處，然後時時「提醒」別人，我有幫你喔！你要記得我對你好喔！這樣計較人情的人，反而惹人討厭。

創造價值，也不是我今天有多餘不要的東西硬塞給別人，就好像過年過節把別人送你的禮物轉送給別人，自以為借花獻佛，做了社交，其實別人只認為你把垃圾丟給他，反倒會對你的印象不好。

那麼創造價值是什麼意思呢？

你給對方「額外的」服務，這服務不單只是買菜多送一把蔥，或餐廳送你折價券，而是能讓客戶感到欣喜、正面的感覺。只要能帶來額外的欣喜，這種額外服務，不必一定是要是實物。

好比說，賣東西時親切的和客戶問好，讓客戶開心，這也是額外的服務。

這服務一定是心甘情願付出的，而不要求有所回報的。例如餐廳送你折價券，雖然是額外的，但感覺沒那麼好，因為你知道他要求回報。但餐廳服務人員從頭到尾對你用心招呼，你結帳的時候還對你敬禮表達感激，這就會讓客人感到窩心。生活中我們幫助一個人，如果還特地停下來要等對方對自己說謝謝，那這種額外服務的效果保證大打折扣，甚至還會造成反效果。

高中時候，我為了賺取學費，打了很多份工。我知道當個打工妹，收入很有限，當時我從書中學到，賺錢最有效率的方法就是「做業務」。比起論時薪計酬的餐廳服務生工作，或者用少少的錢包下你一大段時間叫你去發傳單的工作，業務的報酬當然是比較吸引人的。

然而業務工作就一定收入比較多嗎？其實業務工作收入要多，有許多業務技巧需要學。其中很重要的一點，從當年我還是十幾歲的女孩，到如今成為經營事業老闆，這一點都沒有改變。那就是：

業績好的業務，一定也是最能帶給客戶價值的業務。

話說高二升高三那年暑假，有天我走在路上，有個穿西裝

的先生跟我推介「東森寬頻」。當時因為打工賺錢，我也存了點錢，在房間裝了一臺小小的電視，也有申請寬頻了，就跟那位先生說我家已經有裝了。

聊著聊著不知道怎的，那個先生竟然說我有「業務特質」。

現在想來，也許他跟任何人都這樣講吧！但當時我只是個高中女生，也沒想那麼多，既然有人說我有「業務特質」，我就很好奇的問他，為什麼我有業務特質？業務該怎麼做？

他就說：「做業務很簡單啊！你真的覺得東森寬頻很不錯，就照實跟別人這樣介紹，讓別人也擁有不錯的產品，這一點也不難啊！」

這是我這一生中，最早接觸的業務觀念。

但往往最簡單的，也是最實用的。

如今我已是個億萬富翁，我的業務實力沒有人會否定。但其實從高中那年到現在，我的業務理念都沒變過，那就是：

我覺得一個產品真的很好，

可以帶給別人實用的價值，

就真心把這樣的想法和別人分享，

如果對方喜歡就買，不喜歡我也絕不強求。

這個觀念，從我當年賣東森寬頻，之後當過電臺ＡＥ、賣過

房子，到現在成為健康產業的領導人，一直沒有變。好的觀念，自然不因時空轉換而改變。

那年我被說服成為東森寬頻業務，從頭到尾，我一絲一毫都沒有害怕過。常聽人家說，做業務害怕被拒絕，害怕跟陌生人說話。有段時間我還覺得這種想法真不可思議，甚至直到二十多歲我都還以為，每個人都應該好東西和好朋友分享，喜歡就買，不喜歡再換其他人就好。這有什麼難？

如果一個人當業務，只想著自己的價值，只顧著自己業績，
那做業務就很有壓力。
如果一個人當業務，想著的事可以為客戶帶來什麼價值，
那業務只是種服務，不會有壓力。

就這樣，我升高三的那年暑假，就每天拿著文宣檔案夾，在路上到處跟陌生路人問：「你家要裝東森寬頻嗎？」

「不要？好，謝謝。」

再去跑下一個。

不斷持續著，能夠把東西介紹給人又可賺錢，我心中一點都不覺得累。

直到我問到一個人：「你好，請問你家要裝東森寬頻嗎？」

「喔！我家已經有裝ＡＤＳＬ了。」

「知道了，謝謝你，耽誤你的時間了！」

我笑意滿盈的鞠個躬，轉身繼續去找其他的路人。此時反倒那個被我問的人感到訝異了。

「什麼？就這樣嗎？你不繼續跟我推銷產品了喔？」

當下我用很認真的語氣跟他說：「這位先生，既然你家已經裝了ＡＤＳＬ，那就持續用就好，不需要更換的，因為你若退租，還要一筆ＡＤＳＬ退租費，那樣不划算，我是不建議的。」

對方這下真的感到興趣了。他覺得我很特別，竟然站在客戶的角度想事情。他看我轉身又要走，立刻喊住我：「小妹妹，且慢，我要裝東森寬頻！」

我瞪大眼睛看著他，眼神不掩飾的透露出「為什麼？」三個字。

他於是跟我解釋：「我有兩棟房子，一棟裝ＡＤＳＬ了，另一棟才剛裝潢好，還沒裝呢！請跟我介紹一下東森寬頻吧！」

就這樣，我這麼一個從來沒有業務經驗的小女生，那年暑假的業績做到全公司第一名，後來還被老闆請上臺分享。

我還是那句話，我做業務沒什麼技巧，也不耍什麼心機手段。我就是單純的認為這東西很好，你若有需要，請你買；不需要，我也不去纏著人家。

「真誠待人」就是最好的業務法則。

你的真誠，表現在希望讓客戶變得更好，

於是客戶就會用訂單來回報你的真誠。

我當時沒上過任何業務培訓課，但這句話卻是我終身奉行的業務理念。

那年暑假我賺了二十萬，夠我高三的學費及生活開支。

此外，透過業務工作也讓我體會到，成功的業務經常是來自大量的行動。所謂「大量的行動」，一方面累積經驗，一方面透過大量的接觸自然提高找到「對的人」的機率。

需求來自於尋找，不是來自於說服。

好比說那個家中已有ＡＤＳＬ的人，初次見面我知道他不是有需求的人，那我寧願去找其他有需求的人，而不是為了自己業績拚命去說服。唯有透過為「有需求」的人服務，才能創造業務的價值，這個價值是一種雙贏，買賣雙方都滿意。客戶買到需要的產品，我們得到好業績。

業務需要創造價值，而不只是創造業績。

這個原理，不只用在業務，也適用在創業，以及各種人生中做人做事的態度。

👑 從門可羅雀到大排長龍的創業奇蹟

另一個為客戶創造價值帶來業績成長的例子，就是我自己開早餐店的例子。

記得那時我剛頂下早餐店，一切都還在摸索，連鏟子都拿不好，這樣的我，早餐店一開始營運業績很慘，是在意料之中。當時我的日營業額只有 500 元，每天對著顧客除了賠笑、賠罪，不賠錢已經是萬幸了。

但我這個人做事，從來不會讓自己總是杵在谷底。

進步是要能看得見的。

首先，如同我做每件事前一定會做的：

我在許下志向的同時，一定也會畫出未來藍圖，

而在這張藍圖裡，一定不只要讓自己幸福，

也要思考如何讓更多人幸福。

開一家帶給客人幸福的早餐店，就是我要創造的價值。

因此當時我就立下志願，我不但要創業成功，並且，我要創造一家讓人幸福的店。

什麼樣的店可以讓人幸福？不用去書裡找答案，只要將心比心。如果我是客人，那麼怎樣的店會讓我幸福？

61

答案只有一個，那就是**必須處處為客人著想**。

因為要創造價值，我就要帶給客人他們滿意的產品；因為要創造價值，我想的應該是客戶來我店裡怎樣可以賓至如歸，而不是我每天業績要有多少錢。

早餐店的產品當然是早餐，客人嫌我的手藝不好，這不用說，我要限時改善。我從頂下店面第一天起就日日勤練，用我那超人般強大的決心，要做出讓客人喜歡的早餐。

我要創造出的價值還有什麼？如果是照單供應早餐，這只是基本義務，不會帶給客人幸福。於是我就去用心「研發」，積極去書店翻食譜取經，也不忘去別人的店家考察。

後來我決定推陳出新，創造新的菜色，推出特色卷餅、融合不同食材的另類早餐……等等。

我相信我的用心一定會被看到，因為我是站在「為客人創造價值」的角度想事情。

我得到的回饋就是，來我店裡的人成等比級數成長，營業第一個月客人還只是小貓兩、三隻，第二個月卻已經開始出現「人潮」了。

有一次我想研發一款新的麻糬，想要打造出清爽不黏牙的新口感。正在嘗試時，一塊麻糬連同油鍋裡滾燙的油飛濺出來，

當場灼傷我的手臂，當下我痛到哀哀叫，再堅強的我，也不得不被送到醫院掛急診。

那天我手臂二級燒燙傷，可能診治過程中，醫師有打麻藥吧！總之，回家後我在疼痛中昏昏入睡，忽然一陣天光射入房間，我猛然驚醒。

「現在幾點了？」天啊！已經六點了！！我的店是每天四點多就要開張的啊！

雖然店只在巷口，但已晚了兩小時的我，匆匆往店裡飛奔過去。當時從我住宿的地方遠遠看去，我的店門口已經大排長龍。

是的，當時我的店已經紅成這樣，就算鐵門拉下來，死忠的顧客仍然寧願在門口等，也不會跑去其他的方消費。

等我匆匆開門，趕快招呼客人就座後，那些老客人自然問起：「妹妹啊！你今天怎麼了，睡過頭了喔！」

我半嘟著嘴說：「才不是，我昨晚試驗新食材不小心燒燙傷，你看！」

我捲起長袖，露出層層的紗布。

「是二級燙傷，好痛！」

當下大家都圍了上來，很心疼的說：「天啊！你趕快回家休息，今天不要營業，我們明天再來。」

這時我立刻擺出老闆娘的架式，「你們統統給我乖乖坐好，老娘我一個個為你們端上早餐。」

當老闆就有當老闆的基本責任，每天開店就是我的基本責任。只要我人沒躺在醫院，我就要好好讓客人享用我做的早餐。

　　除了不斷研發新的菜單，並且認真負責做個早餐店老闆。做為一個立志讓客人幸福的我，能夠讓我的店門庭若市的一大祕訣，講起來很簡單，人人都可以做到，那就是親切用心的對待我的客戶。

　　我會記得每個熟客的消費模式，而且我不是硬記，當我們真心關懷客戶的需求，自然而然會記得客戶的消費模式。例如遠遠的看到張先生來了，我就已經開始著手準備三明治，因為我知道他每天都買三明治。有個客人買了奶茶，接著不用他開口，我就說：「我知道，你都是要藍色吸管對不對？來，我幫你拿。」

　　任何人一定無法拒絕，
　　把你當座上賓、將你的需求列為第一考量的人。

　　用心，絕不刻意；用心，是發自內心。例如有的客人今天表情有點鬱悶，我就會問他：「怎麼了，今天的飯糰味道不好嗎？」
　　對方立刻說：「不是不是，我只是想在公司的事。」
　　「那就好，加油！希望你今天工作順利！」
　　任何經過我店的人，不論進不進來消費，我一律都會用活潑開朗的笑語，對他們打招呼：「早安！」、「祝你今天順心！」

　　我不會刻意去推銷拉客人，我只是用親切態度對待每個人，並且內心感恩上天讓這些客人來我店裡。

　　就是這樣只靠著用心，我一個二十歲的女孩，將一家原本「誰做誰倒」的店面，變成排隊排到被新聞報導的店。

　　每天早上招呼好所有客人，整理完店面後，我還要趕快從北投飆車到木柵上課，前一個小時還是個穿圍裙、臉上有油汙的老闆，下一個小時就變成拿著書本乖乖坐在課堂上的清純大學女孩。

　　上課前，我還不忘帶份早餐給教授：「老師，這個給你，謝謝你的指導。」

　　日常生活，我其實很低調，只單純的想邊上課邊繼續朝我的人生目標邁進。

👑 用心，絕對會被看見

　　在我創業的時候，像我當時的那個年紀，媒體界喜歡給我們一個封號，叫作「草莓族」，意思就是這一代的人，從小在溫室裡長大，吃不得苦，一碰到壓力就退縮。都說年輕人是草莓族，但我就是不一樣，我用實力做出自己的成績。

當一個人積極努力創造價值，

那這價值一定會被肯定，接著會被廣泛看見。

我用心為我的客戶創造價值，讓我的早餐店來客數越來越多，後來我也真的被更多人看見。

一開始是一傳十、十傳百，社區鄰里的人會來捧場。再後來，來自周邊遠一些的人，也會專程走遠一些來店裡吃吃看。

接著如同在水裡丟下一個石頭，就會形成往外擴散的波紋般，來自外縣市的人也出現了，乃至於媒體也一家一家出現。

那時的我，生活不只是開店上課，我後來還多了一個身分，就是「通告藝人」。

不知是由誰開始通報媒體的，我這個隱藏在北投巷弄的小店，一開始被媒體列為地方軼聞：「有個年輕的女孩，她還是位大學生，卻經營一家早餐店耶！」

我和我的早餐店便上了新聞版面，先是平面媒體，後來電視媒體也陸續來訪問。第一家是東森新聞，後來臺視、ＴＶＢＳ、八大、非凡也都來訪問過我。

再之後，我這家店更且成為北投的另類地標，當年北投有什麼？有溫泉、陽明山，以及……早餐妹。

隨著這家店被報導的次數變多，我這個年輕的老闆也成為地方名人。我想，人們的天性都是好奇的，北投在地人不必說，

就算繞個路也會來瞧瞧這個女孩長什麼樣子。至於來自其他縣市的人，那真的就是來「觀光拍照」了。

我無所謂，只要可以讓店的生意更好，既可以服務更多人，持續為客人創造價值，又讓我可以朝賺大錢的路再邁進一步，我非常高興。

甚至當北投舉辦活動，好比說是北投溫泉季，我這個早餐妹，還會被當成北投地區的象徵人物，出場擔任溫泉公主呢！

以行銷角度來說，能上媒體當然是好事。然而，店面的報導有其限制，同一個媒體不太可能連續兩次報導同一家店。

雖然店不再被報導，但「人」可以啊！我一開始先被邀請上一些生活智慧分享類的談話節目，擔任嘉賓。後來可能發現我口條還可以，敢講並且長相也還上得了檯面，於是我變成經常上電視的通告藝人。

在網路時代，許多經營店面的人或從事網拍工作者，都喜歡透過媒體帶來源源不絕的商機。網路這個平臺人人都想搭，但真正可以找到自己的聚焦優勢，變成媒體寵兒卻非常不容易。有人就問我，當年如何透過早餐妹的行銷模式，讓自己的店生意興隆呢？

我總是說，我沒有刻意去炒作媒體，我只是做好我的本業工作，當創造了價值，媒體自然而然就會出現。

我的早餐店能夠生意興隆，關鍵點就只是，我真正能做到

「待客親切，以客為尊」，真正能讓客戶感受到來我店裡的價值。我是因為能夠為客戶創造價值，才打開更廣大的事業商機的。

親愛的朋友，不論你現在從事怎樣的工作，不論是開店做小本生意、在公司崗位上力爭上游，還是引進一個新商品想創業做銷售，請切記，想要更上一層樓的祕訣，就是**創造價值**。

這世界上最強的媒體，不是來自於哪家電視臺或哪個記者的報導，而是來自於「好東西被分享」的力道。

親愛的朋友，這樣的影響力，你可以明白嗎？

成功挑戰自我的練習題

【練習1】

親愛的朋友，你現在從事哪一行？你希望你的職位步步高升？你希望你的每日業績正斜率上漲？那麼請務必要清楚，你為你的客戶創造多少價值？

如果你是上班族，你的每日工作，為公司，為你所屬的部門，創造哪些價值？

如果你是老闆，你的產品，你的服務，為社會創造哪些價值？

如果你是個個人品牌，希望自己受歡迎，處處逢貴人，那同樣要問，你這個人，能帶給身邊的朋友哪些價值？

【練習2】

你是個業務工作者嗎？你的業務優勢是什麼？

如果你不是業務工作者，那麼，要推介「你自己」，你的優勢是什麼？

第二部

轉型成長篇

| 第五章 |
在磨練中不斷向上提升

　　追尋夢想是一條長長的路，唯有堅持初衷，持恆往前邁進的人，方能獲致成功。

　　但夢想絕對是可以「調整的」，好比說，有一個探險隊，目的是去沙漠找出千年古物尋求財寶，後來古物沒找到，卻不小心發現了那裡蘊含石油。那麼領隊是要食古不化的說，我們的目的是找古物，石油不屬於我們預設的目標，所以我們不要管它？還是調整戰略，改為發掘石油，並將這個商機和大企業結合，賺取比原先計畫還多的財富？

　　當我們還是小學生的時候，我們也有夢想。只不過那是兒童版的夢想，有其局限，這個夢想一定需要調整。

　　同樣的，我們設定自己的夢想藍圖，積極朝目標邁進，過程中我們一定會不斷調整。但請注意，所謂調整，不是要我們找藉口退縮，好比說：「時代不一樣了，我們的夢想不可能實現了。」那麼這不叫調整，這叫「放棄」。

　　或者，我們原本立志要當一個城市的市長，實現自己的規畫理念。後來我們真的當到市長了，卻將大部分的心思花在如何撈更多油水上。有人說，這是因應官場現實所做的「調整」，但

我說這不叫調整，這叫「忘記初衷」。

一個人可以不斷改變、不斷轉型，但不能忘本，忘了初衷的夢想就已經不是夢想，就好像變質的蛋糕，已經不是夢幻的甜美蛋糕一般。

親愛的朋友，如果你已經走在追尋目標的道路上，那恭喜你，你已經比大部分不思進取、只停留在原點的人強好幾倍。

那麼，做為讓自己「變成更好的人」之期許，讓我們不只追求夢想，也做一個能透過夢想幫助更多人的人。這樣，你的夢想，就更值得讓人期待。

👑 抓住上天送給你的意外

人生中有很多意外。這裡指的是讓人驚喜的意外。但這類驚喜不會自己來，一定伴隨著努力而來。

中國有個古老的寓言故事：

有個年輕的農夫，無意間救了一隻落難的烏龜。後來烏龜託夢給他，原來那隻烏龜是神變的，神明為了感謝這個農夫，許諾要給這位農夫一筆很大的財寶。農夫欣喜萬分，以為從此人生可以不愁吃穿無憂無慮了，於是不再耕作，每天閒賦在家，等著神明把財寶送上門。

時間一天天一月月過去，農夫不事生產，坐吃山空，每天

就是坐在家中等。秋去冬來，他的田園荒廢了，家中積蓄也花光了，卻一直等不到錢來。冬天到了，他連買冬衣的錢都沒有，終於，在一個寒夜裡，又餓又冷又失望的他，生了重病離開人世。

死後他的魂魄氣憤的去向地府告狀，說神明欺騙了他，說要送財寶卻沒送來。神明在判官面前無奈的對農夫說：「我沒有騙你啊！我將一筆很大的財富埋在你的田地底下，只要你耕作就會挖到。我怎知道你完全不去耕作，只坐在家中錢怎麼會來呢？」

當生命中的財富來的時候，你是否處在「耕作」的狀態呢？我覺得機會不只靠努力，也要靠時機。好比說，有一齣韓劇很流行，帶動劇中的糕點熱賣，如果你本身就是一個老闆，那你可以抓住這個商機，找到對的商品，大發利市。但如果你只是個上班族，那這個商機就跟你沒關係，頂多老闆賺大錢請全體員工吃一頓而已。

所以，當你成長到什麼格局，就會遇到什麼商機。

這世界當然也有一走出大學校門就自己開公司成功賺大錢的例子，但這樣的例子算是少數，多數人還是要累積自己的經歷，才能提升自己財富的境界，並且隨著境界提升，會遇見更多的驚喜。

以我來說，當年我只想創業當老闆，我開了早餐店。至於後來我常上電視，成為媒體人，帶來另一種收入，這就是額外的驚喜。而如果我還只是個打工妹，那麼這樣的驚喜就不會和我有

關係。

那年，我的早餐店不斷被媒體報導。曝光度一增加，就有更多機會找上我。本來我只是上節目分享開店心得，有人叫我「早餐妹」，但在電視上，我經常就直接被稱為「老闆娘」。既然是老闆階級的人，就代表我有創業的「Know-How」，於是我後來竟也被邀請去公眾場合演講，乃至於常態性的去文化大學創業講座分享。

機會往往就是這樣，一環扣一環。

所謂雙喜臨門，喜上加喜，

背後的原因，其實是過往累積的付出，得到了回饋。

我從早餐店老闆，後來變成分享資訊的「老師」。

有人會問，我是本來就很會演講嗎？有學過媒體行銷嗎？其實我只是把這些事當成人生一個個階段，當事情來了，就去接受，不逃避面對而已。

凡事都有第一次，只要能克服第一次，所謂「一回生，兩回熟」，把原本困難的事練習成簡單的事，人生就會越來越順暢。

做任何事都是如此。我擔任東森寬頻業務，一個高中女生做到業績第一，是從第一次和陌生人介紹開始；我開早餐店，從一天營收五百元，到後來年收入破百萬，也是從克服第一次開始。記得嗎？我當時連蛋都還不會煎呢！

同理，人生的其他事，只要願意去做第一次，你也一定可以做出成績來。

　　其實，在上電視以前，我學生時代打工就已經有公眾演說的經驗了。原本我在東森寬頻擔任業務，因為我做事盡責且銷售充滿熱情，有一次公司要去參展，主管就問我願不願意上臺擔任主持人？從沒有主持經驗的我，第一個反應不是害怕，而是問主持人應該做到怎樣條件？主管跟我說，當主持人很簡單，只要像現在這般，投入萬分的熱情，在臺上盡情的大吼大叫、介紹商品就好了。

　　主管這樣說我還是半信半疑，但他強調，在資訊展我銷售的業績可以有很高的固定抽成。於是我就當成是在對眾人做業務銷售，同樣抱著熱情以及「好東西與好朋友分享」的心態，就這樣，我開始在資訊展場上擔任主持人。

　　只要確定這是一件正向的事，我們就該勇於嘗試。

　　對我來說，當年工讀時代的主持經驗，不只帶給我那一季更多的業績收入，讓我可以支付下一學期學費，更重要的，培養我的自信心，以及學會對眾人講話的臨場反應。

　　這也是日後我做任何事的一個基本心態，
　　每個學習都是珍貴的，收入報酬多寡不是唯一的考驗，
　　能夠對未來人生有幫助的經驗，就是好事。

我做事是很認真的，當年第一次以工讀生身分上臺比較沒準備。後來真正成為主持人，我就事先一定做好練習，我會在家不斷對著鏡子講話，看看自己的表情是否生動，我還會善用我那臺錄音機，錄一段主持講稿，然後放給自己聽，不斷修正調整。

有了這樣的展場主持經驗，後來上電視自然也就不會怕生。

我上電視的頻率之高，乃至於後來已經成為某些節目的固定來賓，例如有個節目叫「戀愛講義」，主持人是徐乃麟和劉真，我就是固定的通告咖。在電視上我的代稱都是「老闆娘」，而不是用本名。

等到有點「名氣」後，我也被廠商邀去主持代言，有一次和藝人小甜甜一起主持節目，當時就有人和我接洽，想簽下我的經紀約讓我出道。但我連考慮都沒有考慮，直接回絕，因為進演藝圈不是我人生規畫的道路。我知道青春易逝，人總會年華老去，我希望有一天人們在螢幕上看到我，是因為我的腦袋，而不是因為外表。

不論是回絕演藝圈之路，或者我後來把早餐店收掉，都是基於同一個理由：

我人生有一個目標，我的所做所為都要符合這個目標。
如果和這目標無關的路，除非是對我達到目標有幫助，
否則經歷過就好，我必須不斷轉型，
讓自己朝目標更加接近。

不論我的下一步要怎麼做，「成為億萬富翁」的這個目標還是不變的，只是方法當然要改。怎麼做，當時我仍不知道，但我知道，我有強烈的決心，一定可以找到更好的創業路。

所以在成長的路上，很多時候，我在尋求的不是短期的獲利，而是如何轉型來達到目標。

♔ 轉型是追尋夢想的必要歷程

有句話說：「天下無不散的筵席。」

又有句話：「上帝關上一扇門，必會再開一扇窗。」

這兩句話的意境不同，通常是用在不同的地方。但其實在人生成長路上，這兩句話都代表著同一件事，那就是一個人一定會轉型，朝更高的境界邁進，如果老是停留在原點，那人生就不會有所改變。

最典型的例子就是畢業典禮，典禮上大家哭得唏哩嘩啦的，但你會因為捨不得同學就選擇一輩子留在學校嗎？

同樣的道理，為何有那麼多的人，因為眷戀原本的工作，就選擇一輩子停在原點？而且他們停在原點的理由，經常不是因為熱愛那個工作，而是因為那個工作比較習慣、比較安逸。

一個人在朝夢想邁進的路上，一定會經過許多轉型。每次的轉型都是新的提升，代表更多的收入，以及更寬廣的事業格局。

大學時代，我靠著創業開早餐店，有了人生第一桶金。那

次經驗代表我的成功，但如果我一直耽溺在那樣的成功，那我到今天就會只是個早餐店老闆，頂多是客人很多的早餐店老闆。不是說當早餐店老闆不好，只不過這不是我的目標，我的目標是要成為億萬富翁的祖先。

每個轉型背後，通常都是有故事，有種帶來改變的生命體悟。當時早餐店很成功，這雖是靠創業掙來的，但也可以說是我犧牲休閒、犧牲健康換來的。人們不知道，那個每天笑臉迎人的親切老闆，晚上卻得經常跑醫院打點滴。堅強的我，也從不讓客人知道，我經營早餐店經營得多麼累。

開店兩年後，我真正體悟到一件事，開店創業這件事，特別是和餐飲相關的事，經營者通常只有兩種命運：

生意好的店，人倒；

生意不好的店，店倒。

總有一個會倒，那這樣的事怎能長久？

經營店面也會碰到形形色色的人物，以及各式各樣的挫折。好比說，難免也會有「奧客」，還有如燒、燙傷這類的意外。讓我印象最深刻的，不是工作上的困難，而是感情上的打擊，那是在剛開始開店那年發生的事。

原來我在班上有個很投緣的好朋友，她和我很聊得來，也認同我的創業理念。事實上，她的人生夢想就是開家早餐店，我

會開店也多多少少受到她的影響。當我頂下店面後，也很真誠的邀她加入，希望我們兩個姊妹淘共同來創業圓夢。

所有一切都談好了，我們也共同許下承諾要做出一番成績。結果，我遵守承諾，她卻退縮了。

第一天工作，她就遲到。我不介意，畢竟開早餐店要很早起來，人難免會賴床。

第二天，她又是很晚出現，理由還是早上起不來。

第三天，她來通電話不好意思的說，考慮之後她覺得她還是不適合開店。

當時我感到很訝異，一個人說好的夢想，怎麼可以這樣說退出就退出，丟下我一個人，獨自面對一整家店？

年輕的我，雖然因為打工資歷很深，外表看似很堅強，但內心其實還非常脆弱，需要更多夥伴一起加油打氣。結果正當我創業開始，最需要朋友支持的時候，最該和我有福同享有難同當的合夥人，就這樣退出。

說不難過是騙人的。在手忙腳亂還得跟客人鞠躬哈腰，終於結束當天營業要收攤時，我也會邊洗碗盤邊流淚。

但後來回想起來，我卻也感謝有這樣的一段經歷。

如同家中破產，讓我學會獨立自主。合夥人的背棄，也磨練了我懂得要更加堅強。

我不恨她，我反倒要說：「謝謝你離開我！讓我一個人走！」

這也是所謂轉型會碰到的人生體悟之一。

　　試想，如果當時我和她繼續合夥，那就算她勉強留下來，之後一定還會有各種摩擦。也許經營理念完全不合，工作氣氛變得不愉快。所謂「攘外必先安內」，如果店面內部有了問題，那也一定會影響早餐店的生意。很可能，就不會有後來門庭若市的局面。

　　所以，人生事一環扣一環。上天為了關了一扇門，必會為你開另一扇窗。

　　日後我有機會輔導想創業的年輕人，我都會這樣告訴他們：

任何事都有正反兩面，

你以為的壞事，搞不好卻是另一件好事的開頭呢！

有時候，要捨得放下，

遇到不得不離開的場面，就放下吧！放下才有新的開始。

　　對於挫折，我心中感恩，那是花錢也不一定買得到的學習。

　　而早餐店這段學習經驗，我想，也應該告一個段落了。

　　體力上，我真的感到太累了，快不行了。

　　而在人生發展階段上，我則感知到，我必須轉型到另一個新境界。當時我大學即將畢業，而既然這家店也已經被我做出名氣，有了一定身價，這正是轉手賣出的最佳時機。於是大學畢業同一年，我將早餐店頂掉，迎向新階段的人生。

　　在追尋夢想的路上，一定也有不同的轉型。可能是離開舊

的公司，去新公司擔任更高的職務；可能跳脫原本的產業，到完全不同的產業服務；甚至可能整個改變自己的工作模式，由內勤專業人員，變成天天和客戶接觸的業務人員。

改變沒有一定好或不好，重點是你必須知道你正在做什麼。
你不是被環境逼著改變，而是依循自己的夢想所做的轉型。

這樣的轉型，當回首過去，舊公司不會說你擺爛，他們只會懷念你；這樣的轉型也不該帶來各種對立，例如科技業曾經發生高階主管帶著原本公司的機密，投靠到其他國家的企業去，這樣的「轉型」就不足效法，就算新的職位收入再高也一樣。
夢想追尋路上，不能因為夢想的提升而對自身的道德要求有所打折，不忘初衷，轉型才能帶來正面能量。

成功挑戰自我的練習題

【練習1】

親愛的朋友，回首你從以前到現在做過的工作，你能列出你在每個工作中學到什麼嗎？凡走過必留下痕跡，這些工作帶給你什麼？和你想追求的目標，有什麼關聯？

工作一
學習內容：

工作二
學習內容：

工作三
學習內容：

工作四
學習內容：

【練習2】

描述你現在的工作內容，以及這個工作內容對你達到目標有什麼幫助？

|第六章|
人人都需要培養業務力

　　終究人們會發現，要想提升自己的財富境界，那麼做業務是不可或缺的過程，甚至也是成就整個職涯的必備條件。

　　這裡說的是財富境界，所謂成功，人人的標準不同，不一定是要賺大錢。例如我當年的目標是成為億萬富翁，我喊出：「我一定要當億萬富翁的祖先。」但也許有的人目標，是光宗耀祖，回鄉服務；有的人的目標是走上從政之路，透過政治施展抱負；乃至於也有人想要一生投入公益，走遍臺灣關懷兒童。所以成功目標設定不盡然和金錢有關，只不過若有足夠的金錢，一定可以幫助夢想更早實現。

　　所以這裡說的以財富境界而論，懂得業務技巧，是必然的一環。而這也是我看到許多年輕人不願意嘗試的一環，理由是「收入沒保障」，更深的理由則是「業務要說服陌生人，我不敢、不能、也不想」。

　　的確，回首我的職涯歷程，只有高中時期打工時，算是「有保障收入」，但諷刺的，那也正是我一生中，收入最少、工作報酬最沒效率的時刻。

唯有當擺脫「安全、安穩、安定」這種思維，

一個人才可以真正擺脫依賴；

唯有當擺脫依賴，一個人才能發揮潛能與全能，

一心為事業打拚。

親愛的朋友，如果今天你告訴我，你一點都不想做業務，但你又想成為千萬富翁。答案不是不可能，只是選擇就真的不多了，大約只有中樂透或突然繼承龐大遺產這兩種選擇了。其他的選擇，都和業務有關。

有人說，我可以像 J.K. 羅琳一樣，寫出像《哈利波特》這樣的暢銷書，不是一樣可以擠身成為千萬富翁嗎？就算是當個作家，也需要行銷「自己」、行銷自己的「作品」，並不是自己坐在家中悶著頭寫作，書寫完財富就會自己進來。

有人說，投資股票、房地產，也很多人變成千萬富翁啊！就我所知，那些能在投資領域做到好成績的，一定有著不錯的人脈業務。透過這些管道，他才能獲得最多的一手訊息，幫助他做出正確的投資決策。關在自己家中象牙塔就想縱橫投資市場，是不可能的。

或者有人說，只要嫁或娶一個千萬富翁，那自己也會變成千萬富翁。同樣的道理，愛情與婚姻不是什麼都不用付出，你仍必須「銷售自己」，讓另一半喜歡你。

只要是設法提升自己形象，打造出讓人喜歡的自己，這都算是業務。所以人生千萬不要自我設限，說自己絕不可做業務。

　　其實業務是最能服務人群、最能挑戰自我極限、最能豐富人生的工作。這是我給年輕人的衷心建議，勇敢讓自己脫離舒適圈，追求成長的人生，從做業務開始。

♕ 業務的報酬，不是只有業績而已

　　我從高中時期就做過業務了，並且業績還是全公司第一名。嚴格說起來，在更早之前，我發傳單的時候，也是某種性質的業務。那時雖然沒有業績獎金，但我每天要接觸陌生人，透過傳單間接推廣公司的生意，那也是一種業務。

　　自從當了早餐店老闆後，我的思維已經又有新的境界。其實從創業當老闆後，我就沒有再領安穩底薪的工作，每一個工作，都是靠業績才有收入。

　　早餐店，因為我做出成績了，所以賺了第一桶金。但在我之前同一個地點開店的老闆，卻都是血本無歸，開店慘賠的。

　　創業的經驗讓我知道，靠自己能力賺錢的方式，才是可以賺大錢的方式，至少我確認領薪水的模式，絕對無法讓我達到億萬富翁的目標。於是在早餐店頂讓後，我下一個找的工作就是業務工作。

　　為此，畢業後我第一個工作，是去電臺擔任廣告ＡＥ。

　　那時我也算是常上電視、小有名氣的人,電臺老闆也知道我這個人。但他在見到我的第一天,給我的見面禮,不是親切的擁抱歡迎,而是潑冷水般的當場給我下馬威。

　　「別以為自己曾經上過電視,就認為是多了不起的事。面對這殘酷競爭的社會,有實力開拓業績的,才是最後可以生存下來的人。這個工作需要有實力的人,如果你認為自己有能力,就做出成績給公司看!做不出來,就早點換跑道,不要耽誤彼此的時間。」

　　已經身經百戰的我,對於這樣的下馬威,並沒有任何的不滿。我的心已經很堅韌,不怕任何負面的打擊。對我來說,我的信念來自於我自己,別人的負能量,很難干擾到我。

　　於是我投入廣告業務工作,我的客群就是那些需要大量曝光的行業,好比說建設公司就是我的主力目標之一,因為建設公司一定要打廣告,才會有人去看屋、買屋。

　　當年,臺灣剛經過ＳＡＲＳ的肆虐,百業蕭條,房地產更是非常不景氣。任何媒體的廣告業務都很不好做,特別是廣播電臺並不是一般業主認為夠力的平臺,因此我的業務工作充滿挑戰。

　　然而,從過往幾年的奮鬥,我已經累積很強大的信念,我總是跟朋友說:

當一個人低潮就要不斷行動,

做錯總比不做好。

因為做錯你才知道你要的是什麼，
你不做就不知道自己的極限。

史上最知名的大發明家愛迪生就曾說過：「失敗也是我需要的，它與成功對我一樣有價值。」為了研發出電燈泡，當年他嘗試過上百種可能作為燈絲材質。當他又再一次實驗失敗時，有人笑他又失敗了，他卻說，他沒有失敗，他已經又做出新的證明，知道某個材質，不適合用來做電燈泡燈絲。

所以我們因為可能會失敗就害怕嘗試，有時候你不知道失敗離成功有多近。就好比挖礦，假定你挖了一公里的礦坑，仍沒有找到礦藏，於是你放棄了，卻不知只要再挖個十公分，礦藏就會出現。努力那麼久才放棄，就前功盡棄了。

一個好的業務，不害怕失敗，是基本的態度。

業務是不斷的嘗試再嘗試，初當ＡＥ的我，必須從零到有開發客戶，客源哪裡找？就是翻報紙找。道理很簡單，會在報紙登廣告的，就是有廣告需求的人，既然有需求，接著就是看我有沒有能力說服他們也在電臺登廣告。

我電話一家家打，不怕拒絕，也絕不讓自己偷懶。

在我心中，我做業務不只是為了要有業績賺收入，我做業務還有一個很大的目的，那就是我想認識更多企業高端人士。如

同書中告訴我的，你的成就取決於你的朋友圈，我想和有錢人為伍，如果我可以藉由做業務打造連結，讓我可以打電話與有錢人接洽，那這樣的機會我絕不要放過。

我心中設定好目標，也真的一一達成了。我後來透過電話聯繫，約見面拜訪，在一年內，我就認識了許多的建設公司，還有其他知名企業，如大賣場通路，或者品牌廠商。

對我來說，我拜訪客戶一點壓力都沒有。有沒有成交是其次，只要可以讓我多認識一個廠商朋友、建立人脈，我的業務拜訪就已不虛此行。

這也是我要和所有做業務朋友分享的：

業務，不要只局限在讓對方成交，這樣想法太狹隘了。
業務，除了可以獲得金錢收入這樣的有形收穫，
更重要的是人脈、資訊以及生意經驗。
每多認識一個高端的客戶朋友，
就代表我又多了一個最佳的學習對象。
一個業務如果可以讓自己思緒更宏觀，
就不會對拜訪客戶感到畏懼。

就這樣，當年二十二歲的我，每天用心衝業務，也用心建立自己的人脈圈。以這為基礎，我建立起自己的財富系統，並讓自己先成為千萬富翁，然後持續朝億萬目標前進。

♔ 善用資源，再來使出渾身解數

要想賺大錢，必須使出渾身解數。

但什麼是你的渾身解數？

對一般勞力工作者來說，使出渾身解數，就是用盡全身力氣做苦力。

對一般上班族來說，使出渾身解數，就是在上班時間內把老闆交辦的工作盡力做到好。

然而不論是勞工或上班族，甚至如同我後來創業開早餐店也是一樣，我的渾身解數，就是極度壓榨「自己」。於是我雖然賺到人生第一個百萬，卻也讓自己累得半死。

但一定還有什麼，可以「以自己為中心，但拓展出更大影響力」的方法，這樣當真正使出渾身解數時，才能創造更大收益。

對每個業務來說，

與其說是賣產品，不如說是在賣你自己。

對我來說，包括人脈、業界資訊，以及「王宥忻」這個個人品牌，才是我可以讓事業更有效率發展的關鍵。

任何時刻，我做業務，我都有兩個身分：第一，我是代表公司；第二，我是代表自己。對任何人來說，不論你是從事哪種行業業務，道理都是相通的。

作為公司代表，我克盡職責，銷售公司的產品；作為「自己」的代表，毫無疑問的，我必須讓客戶知道我這個人值得信任、有獨特的魅力，最重要的，我這個人有機會為他創造價值。

在擔任電臺ＡＥ期間，我認識了許多企業老闆或者高階經理人。我讓對方認識「王宥忻」，除了知道她是很認真、很盡職的好女孩外，還知道她是傳播科系科班畢業、有主持經驗。當你公司有主持或辦活動需求，不用再花時間去找廠商詢價、比稿、聽簡報，直接找我王宥忻就好。

為了拓展王宥忻這個「品牌」，我也持續在文化大學上課，平常上班，周六、日則去跑電視通告。畢竟，當我是個名人，如果我去主持廠商的活動，也會讓他們比較有面子。

靠著這樣的努力以及累積的人脈，我變得有越來越多的機會受邀去幫廠商主持活動。加上我本身學大眾傳播出身，過往主持活動也認識了許多周邊資源，不論是燈光、音響、背板等硬體設備，或者安排行銷活動的整個 RunDown 及場控搭配，我都已是個專家。

只要你平常把自己準備好，
就永遠不會擔心沒有機會。
時時充實自己，讓自己成為「有價值」的人，
那自然有一天會有伯樂想要來投資你。

當時的我就是這樣。大家看到我那麼賣力，又那麼有實力，就有一家建設投顧公司老闆，非常想借重我的魅力與長才，他願意投資創立一家活動公關公司，讓我擁有 30％的乾股，所有的錢都他出，經營的事就交給我。

　　這麼好的事，你願不願意？我當然願意，但是我卻沒立刻答應，說起來這背後也有個很巧的故事。

　　原來當時的我，每週六還是固定會上通告，在電視上和觀眾分享我的創業觀，以及如何從負債到當老闆的故事。剛巧有一次，有個建設公司老闆平日很忙，不常看電視，卻偏偏那天晚上為了陪家人，準時回家跟老婆、孩子一起看電視，剛好那天受訪的人是我。他當下覺得這女孩很不錯，如果有機會認識這女孩，他願意投資她開一家公關公司。

　　想歸想，畢竟他又不可能認識我，但事情就是那麼巧，真的冥冥中上天有在牽線。那位老闆第二天去公司後，趁著等客戶來訪的空擋，和櫃檯小姐閒聊，聊到昨晚看到電視上一個女孩，本身還是個大學生，卻靠著開早餐店賺到百萬，他覺得很佩服。櫃檯小姐的眼睛頓時睜大，她問老闆：「你說的那個人是不是叫王宥忻？」

　　老闆說電視上沒秀出她的名字，於是櫃檯小姐繼續問，那她是不是長什麼樣子，店開在北投……

　　一聊之下，再沒更巧的了，櫃檯小姐說她認識這個女孩，這女孩就是她的同班同學啦！就是這樣，透過我那個同學的引薦，

我才認識這位老闆。

聽完他提出幫我開公司那麼好的條件，我卻沒立刻答應，是有原因的，我誠心的跟建設公司老闆分析。

「老闆，感謝你的邀請，我真的備感榮幸。但我現在還有其他工作在身，做個負責任的人，我必須把事情告一段落再走。再者，事業的籌備需要時間，如果今天我跟你說，老闆，我必須用一個月籌備及善後，但已經開始領你的薪水，再用一個月招募人才建立團隊，又領你一個月薪水，第三個月我開始去接觸市場，再領你一個月薪水，直到第四個月，才可能開始有業績上門。這樣子你覺得好嗎？」

老闆聽我說得很有誠意，也敬佩我負責任的態度，答應等我準備好後，再去公司報到。

就這樣，我還是繼續在電臺擔任廣告ＡＥ，我不但把我的任務做得很漂亮成功，而且還締造了全電臺第一名的業績。

在這樣的前提背景下，我才光榮離開電臺，前去赴任公關公司，接任總經理。

人生除了要賺錢，
更重要的是所作所為要頂天立地，對得起自己。
我在人生的每個階段，都盡力讓自己做到最好，
成功是我設定的目標，賺大錢只是附帶的效應。

👑 看見老闆光環的背後實力

當你努力投入一項職位，你會發現，你再怎麼努力，就只是局限在那個職位的收入以及影響力。

但當你投入的是事業，你就會發現，你的商機會越來越廣，至於收入，則不斷突破紀錄。百萬元早已不稀奇，千萬才是新的評斷金額。

我認識很多建設公司，當我是電臺廣告ＡＥ時，這些公司都是我的客戶。但當我是公關公司總經理時，這些客戶就不只是客戶，而是更大的資源。

我不只可以承接建設公司的案子，還可以和他們做更大的互動。比方說，有的建設公司委託我舉辦新屋行銷活動，身為人際關係很廣的我，是不是也有可能直接引薦想要買屋的朋友，用比較優惠的價格買屋，如此一來，既幫建設公司找客戶，又幫我的朋友找房子。

身為公關公司，我積極幫我的客戶找資源，但是不是有的資源我就可以用較低的成本取得？甚至，是否我自己也可以承攬那部分的業務，擴展自己的收入來源？當你自己擁有事業，那視野就無限寬廣，你可以做得選擇更多。

23歲的時候，我就已經資產破千萬。一方面來自公關公司的營收（我有30%的股份，公司獲利有30%歸我），二方面也因為透過認識建設公司，我開始接觸房地產投資。

如同成功術所說的：「你的朋友圈是什麼人，你也會變成什麼人。」一個人每天都和不同建商為伍，自然也會變成房地產老手。那時候，單靠著抓住時機，適時進、出場買房子，我就可以獲利數百萬，多經手幾件，我的投資報酬就已破千萬。

當然，市場上也很多投資達人，他們以買賣房屋作為主力事業。但對我來說，我的主業還是活動公關，只用一點餘暇做房屋投資。當年我投資的訣竅無它，就是「逢低買進」。

當時 SARS 剛結束，房地產行情仍處在低點，而每天都在幫建商做行銷的我，有信心房地產一定會再起來。果不其然，我在低點買進投資的房子，後來都一個個上漲，我也獲利賣出。

我相信，任何人只要願意投資自己，讓自己成為某個領域的專業，擁有一定的人脈業務，也一定可以在某個領域發光發熱。我只是用心做好我的專業，讓建商朋友們信任我，也因此結交很多懂房地產的朋友。跟什麼樣的人在一起，就可以學會怎樣的知識，就這樣，我自己也成為房屋投資達人。

我的第一棟房子買在桃園，第二棟也買在桃園，後來在臺北古亭區也有投資。隨著我的公關公司事業越做越大，以及前幾個房地產投資案，我都眼光精準，真的有獲利，後來我可以投資的物件也越來越大。

看似幸運，其實每個步驟都有堅實的基礎。

閱讀本書的朋友們，想要追求億萬或千萬的財富，絕不能想要投機取巧，不能只看我的結果，就想抄捷徑，直接比照別人最

後怎麼賺錢就怎麼辦理。人脈需要建立，個人的商譽需要建立，專業技能需要建立，應對進退處世的練達度更需要建立。

我們看ＮＢＡ神級的明星麥可喬丹，運球投籃已到了出神入化的地步。你以為只要把他打球的影片定格，然後逐步抄襲他的動作就可以成功了嗎？別忘了，在球場風光的背後，他花了多少心力不斷的投入基礎練習？

以我自己來說，臺灣成千上百家的活動公關公司，為何我經營的公司可以有那麼多客戶？

如果我辦活動不用心，那麼接到一次案子後，還會有下次嗎？如果不是對我有足夠的信任，建設公司願意投資我這個人嗎？如果不是夠熟的朋友，我如何可以取得第一手情報，知道哪裡有好的房屋物件要出售？

凡此種種，在成功的背後，都有無數的努力在其中。

親愛的朋友，有沒有發現，本章我提到的各種轉型，都源自於業務工作。如果我還是個早餐店老闆，就不會有後面的這些發展；如果我只是個朝九晚五的上班族，更不會如此的廣結人脈。

總結來說，業務工作有諸多優點：

1. 因為業績壓力，可以讓自己時時處在積極上進的狀態，永遠不敢懈怠。

2. 有別於過往錯誤印象裡，把業務工作者描繪成抽菸、喝酒、一身銅臭的人，其實真正的業務，一定見多識廣，因為常常充實自己，比起一般上班族更有內涵。

3. 收入更高，更能品味生活。所謂什麼身分就配上什麼生活，當你年收入好幾百萬時，體驗的生活內容絕對和一般上班族想得不一樣。

4. 可以幫助更多的人。業務工作者接觸很多人，也透過接觸更多人可以幫助更多人。更別說成功的業務，因為身價提高，多半會成為慈善公益捐助者。

5. 認識各行各業的人脈，除了拓展視野外，也有更多機會可以更上一層樓。我自己就是最佳的例子，透過業務工作，我後來才有機會擁有公司，並且讓事業更加拓展。

6. 業務工作走到後來，一定會發展成事業。有了好的事業，不但退休養老無虞，並且還可以澤被子孫，教養幸福的下一代。

7. 業務工作者一生會比較多彩多姿，回首人生，也會比較有故事喔！

　　你想成為一個有故事的人，你想更早讓你的財富夢想實現嗎？那麼，勇敢跳出舒適圈，投入業務工作吧！

成功挑戰自我的練習題

【練習1】

親愛的朋友，假定你忽然失去工作，你是感到害怕惶恐，不知未來在哪裡？還是雖然有些不安，但對自己的能力有一定自信？

請列出你有什麼優勢，讓你在職場上可以很快再大放光芒。（舉例：我熟悉某某產業，是這個產業的萬事通，我有一流的溝通能力，總是可以幫老闆賺大錢……）

現在，試著銷售「你自己」吧！

【練習2】

現在反過來，用另一個角度思考。

假定今天你是某個集團的老闆，你要應徵一個優秀的人才，你會聘用上面所列的那個「你自己」嗎？

如果不會，或你心中有所猶疑，那請問令你猶疑的地方在哪裡？

這個「你自己」必須加強哪些部分，才是你要應徵的人才。

| 第七章 |
永遠追求更高的境界

當我們擁有夢想，我們就會不斷前進。

當我們不斷前進，就會創造更多的可能。

當我們創造更多的可能，財富以及資源就會源源不絕到來。

從當年的打工妹，我歷經了幾次轉型，到我成為公關公司老闆，也累積了千萬財富時，我也才二十幾歲的年紀。

如果當初家中沒有破產，我只是個平凡高中生，那麼我可能會一路從高中畢業，大學玩四年，再到大學畢業，然後到處丟履歷，成為另一個上班族，也許在某家公司坐辦公室，也許繼續深造念研究所。那時的人生，一定不會像我現在這樣多彩多姿。

所以人生沒有絕對的幸與不幸。如同我在第一章所說的，人生就一場遊戲，如何善用你手中的牌打出令人讚嘆的一場比賽，才是我們活著最精采的一件事。

我很高興，當初我選擇不被命運打倒，勇敢向命運挑戰，因此，我在很年輕的時候，就可以有著豐富的人生。

我相信我能做到，你也一定可以做到。

♛ 變成塔羅牌女神

23 歲的我，一方面開公關公司，一方面投資房地產，此外還繼續上通告節目。在那年我還要一個特別的事業，就是塔羅牌。

我有一家塔羅牌店，對當時的我來說，賺錢已是其次，如何為人群做服務才是重點。開塔羅牌店是我接觸人群的一個媒介，當時也是有很多故事。

我自己很熱愛上課，跟不同領域的大師學習，也經常去不同場合演講與人分享。演講主題是如何創業，或者如何做活動公關。包含在青商會，在政大校園，我都有在授課。

因為我總是在學習，所以我身邊會有很多老師。一次機會，我認識了一個從印度回來的朋友，那位朋友非常風趣，和他講話不但可以增廣見聞，而且心情非常愉快，覺得他有很豐富的心靈內裡。後來和他深入聊天之後，知道他的確在精神療癒這個領域非常的專業。

當時我覺得他的領域博大精深，資質尚淺的我，還難以學習。但這位朋友的妻子是個塔羅牌老師，這，我就可以學了。

還是一句話，我這個人，不學則已，一學就很認真。

在很短的時間裡，我不但學會塔羅牌原理，並且還被業界朋友圈視為「專家」。

在從事活動公關辦活動時，經常為了活絡社交場合的氣氛，我就舉行小小的塔羅牌秀。朋友們一開始只把這當作一種有趣的娛樂，看著我煞有介事的問事發牌，但久而久之，他們發現，我還說的真準呢！

其實，我覺得所有的命理之術有些道理一定是共通的。許多人老愛問：「算得準不準？」但什麼叫「準」呢？如果命理老師講的是你已經發生的事，那只能叫做「推理」，例如他看出你婚姻不和、職場上犯小人、有錢財問題……等等。但如果他可以指引你的未來，那也絕不是像看水晶球一般，直接看到你未來會變成怎樣，而是依照你命中的基本條件，提供你如何讓生活過得更好的建議。

重點在於，來算命的本人是否具備努力向上的決心。塔羅牌也許指引我們，未來半年內做生意渴望遇到貴人，但你若整天把自己關在家裡，又怎會遇到貴人？塔羅牌也許揭示，前方會有阻礙，但誰的人生沒有阻礙？大家也都是要努力克服不同的困境，才能繼續往前。

所以，我算塔羅牌有個基本原則。如果一個人來找我算，但他本身只想依賴我，見到我只是一味的怪東怪西，完全都不檢討自己，如果對方根本不想自己有積極作為，那我會直接跟她說，我不能幫你算，你的命運還是要靠自己奮鬥。

一開始算塔羅牌，只是朋友圈中不收費的服務。有一回我幫一個建設公司大老闆算，他問我有關位在大直的建案後勢如何？

我幫他算一算後，找出幾個可能會遇到的阻礙，於是跟這位老闆說：「關於這個案子，老闆你可以注意這幾個事項，如果照這個趨勢看，應該三個月內這個案子就可以結案。」

後來這個案子果真經過兩個多月的銷售後，完美結案，這位老闆也賺了一大筆錢。雖然已是旗下員工數百人的大總裁，他興奮的時候還是感覺像小孩一樣。

他一結案，就立刻打電話來給我：「宥忻啊！大直那個案子，我整個賣完了！」

我語氣平平的說：「那很棒啊！」

「宥忻！我是說我依照你的建議，這個案子很順利的結案了。」

我語氣仍平平的說：「我知道啊！我也替你恭喜啊！」

「宥忻！我跟你說，我賺很多錢耶！」

「吼！」我不禁大吼：「好啦！我知道啦！你到底要幹嘛啦！」

結果，這個老闆竟然說要送我一家店。

他說他自己在板橋的京阪神有個位置很棒的店面，目前空置中，既然我有這麼酷的塔羅牌專業，不來開店太可惜了。他願意幫我裝潢店面，我一毛錢都不必出就可以擁有這家店，賺得錢也都是我的。既然老闆願意對我這麼好，我就恭敬不如從命囉！

就這樣，我一方面經營活動公關公司，一方面也在板橋的塔羅牌店為人服務。我的方式，有人預約我才去，但還真的經常

有人預約，到後來我還多了個稱號是「塔羅牌女神」。

　　從早餐妹、活動公關公司老闆，到塔羅牌女神，每個領域都完全不同，我也都是從零開始學習，但為何可以做出一點成就呢？因為：

　　所有事物的道理都是共通的，

　　任何人不該為自己設限，

　　只要肯用心學習，真正願意做好一件事，

　　任何領域你都可以做到傑出。

　　既然我本身對塔羅牌領域也算很有心得，接著我想以塔羅牌說明，人的命運與成功與否的關係。

　　如同前面說過的，塔羅牌不是看到你「命定」的事，它只是個工具，透過抽牌可以看到你的「狀態」。

　　但我深信一句話：「個性創造命運。」當你的狀態是這樣，你過往採用的方式已經被證明是錯的，要改變你的人生，不是說要去改變你的命，而是要改變你的個性，改變你的做事的態度。如果你一直用同樣模式，就只會帶來同樣結果。

　　好比有人跟我抱怨，當上班族薪水少，每天還得看老闆臉色。好！所以你不喜歡這個模式，那你願不願意突破自己舒適圈，勇敢出外闖一闖呢？他又不願意。如果一邊整天抱怨，一邊

仍每天照著舊有模式做，這樣的人根本不需要我來算塔羅牌，任何人都可以算得出，半年後、一年後，他的人生仍是這樣。

透過塔羅牌可以看到你的模式是怎樣，我也可以據以告知你可以怎麼改，可以怎樣為人生作調整。

只不過大部分人其實都害怕改變，他們雖然知道現況不好，但卻寧願守在舊有的模式裡，不斷重複。這畫面讓我想到養在寵物店裡的老鼠，牠每天就在同一個轉輪裡，徒勞的往前跑，吃同樣的食物睡、同樣的地方。老鼠是被關的，牠對命運無能為力，但人可以改變啊！可以選擇不要繼續在那個轉輪奔跑，選擇走另一條路。

所以我總是跟來找我算塔羅牌的人說：「如果你只想活在原來世界裡面，那不要來找我，我也不會收你錢，等你真的想改變再來吧！」

同樣的問題，我也要問問親愛的讀者們，如果你真心想要改變你原本不滿意的人生，那也請你一定要改變你的舊有思維吧！用行動來創造自己的新價值。

♛ 遇見生命中對的人

從 18 歲到 23 歲，才短短六年，但我的人生已經有了很大的改變。從那個前途茫然、淚流滿面、甚至一度曾想過自殺的高中

女孩，變成擁有不同身分，每個身分都做得還算成功的老闆。

但我當年許下的億萬富翁目標，我仍然尚未達到。更何況，就算有一天達到了，我覺得我還可以做更多事，人生就是永不停歇的向上提升。

然而，身為老闆的我，已經閱人無數。但可以協助現在的事業發展成為好客戶是一回事，可以帶引我視野提升、往更高的事業格局發展又是另一回事。

客戶，我認識很多。但可以提升我格局的人，當時則是還在尋尋覓覓。雖然還沒遇到，但我心中有個信念，知道我一定會遇到這樣的人。

當我們肚子餓了，就會積極找東西來吃。可是我們如果不感覺餓，就不會去覓食。有些病，好比說厭食症，一個人排斥吃東西，於是人變得日漸消瘦。到後來，不強迫輸打營養液就無法活下去。

現代人也得了一種病，叫做「成功厭食症」。明明整個人都因為缺少朝氣，日漸消頹，但卻不懂得去覓食。一方面坐看自己持續消沉對生活無望，一方面又不動一動身子，去找可以幫助自己茁壯的資源。因為他們生命有匱乏，心卻懶得動。

所以我常說：

信念很重要，

我覺得要，我就是要，

在我眼前我看到的不是挫折，

我只看到我的目標，

我願意不斷行動再行動，讓我越來越接近目標。

如今我已是公關公司老闆，收入也是從前的十倍、百倍，但我還沒能達成億萬富翁的目標。我再怎麼安逸過生活，也從來沒忘記我曾對自己吶喊過：「我一定要成為億萬富翁的祖先啊！」

心中有信念，所謂個性影響命運，也如同《祕密》一書強調的「心想事成」，我心中不忘要達成億萬富翁這個目標，於是命運也終將指引我去認識「對」的人、「對」的事。

就在 28 歲那年，我遇見了「對的人」。

怎樣才能遇見「對」的人呢？這和追求成功的道理是一樣的。如果說，想要讓自己富裕，就必須常進入有錢人多的圈子。那麼，想要認識理想中那個有才氣、有抱負的好青年，是不是也該進入對的場域呢？這個場域就是學習場域。我就是在學習進修的過程中，認識我的終身伴侶——翁承旭。

我很欣喜的說，和他的相遇，不是因為外貌，不是因為財富，是因為心靈交流。

當時，我參加一場心靈培訓的課，在分組討論時，我表達

了我對感情的看法。那時我還不認識翁先生，但我們都是同班的學員。他當時聽了我的分享後，覺得我非常有想法，就主動來與我交流。

那時他不知道我的身分背景，也不知道我是一家公司的老闆，他接近我，只因為我的思想很有見地。後來我們透過交流真正成為朋友後，我發現這個男人非常有才華，有一套自創的網路系統。而且他還很有上進心，對人生有很高的夢想。

最完美的一件事，他的夢想竟可以與我契合，他願意陪我追求成為億萬富翁的夢想，並且將這夢想發揚光大，不僅自己致富，還可以幫助更多人成功。

當然，對一個女人來說，單單這樣還不是好的終身伴侶。畢竟感情是一輩子的事，感情不是事業，事業可以找到優秀的合作夥伴，但感情要找的是心靈契合的對象。

幸福的我，遇到的不只是個有理想、有大志的青年，我願意和他終身相許的主要原因，就是他能「包容」我這個人，他不只接納我的現在和過往，也願意用他的個性和我的心靈互補。

同時他也是我事業的轉捩點。

我 28 歲結婚，同年有了新生命誕生。也在同年，我們將事業轉赴中國。

在那兒，我們的財富有了突破性改變。

【練習 1 】

親愛的朋友，你的人生有一張藍圖嗎？你清楚你現在的職位或工作階段，是位在這藍圖的哪一點嗎？可否描述一下，你的人生下一階段境界是什麼？

（舉例：你現在是個課長，下一階段想當分公司經理；你現在是某家公司的頂尖業務，下一階段想當創業老闆。）

【練習 2 】

試著描述，以你現在的職位往上一個位階的人，是怎樣的人？你心目中有一個理想的典範人選嗎？描述典範人選的樣子，你若要成為像他一樣，甚至比他更優秀的人，你必須做到哪些事？

｜第八章｜
尋找更好的成功賺錢模式

親愛的朋友，前面幾章分享了我的人生故事，以及我透過實際經歷體悟的人生成功理念。

整理一下前面的重點。

我們要擁有強大的信念，選擇追尋自己的人生。

我們要有堅韌的毅力，不被別人負面能量所影響。

我們要不斷採取行動，讓自己時時走在朝目標邁進的路上。

我們要懂得為別人創造價值，付出越多，獲得越多。

我們在適當的時刻，一定要知道轉型，邁向成功的路上，一定會經歷不同的轉變。

我們也要累積業務技巧，業務可以豐富我們的人生，讓我們生活得多彩多姿。

當你成為有信念、有衝勁、願意追尋成功目標的人，接著也將進入理財部分的主題。

這裡，要從我的故事說起。

♕ 置之死的而後生

當算塔羅牌的時候，我總是跟客戶說：「你的情況需要改變，如果你選擇維持現有的生活模式，那你碰到的問題還是不會改善。」

同樣的，28 歲的我，在臺灣有小小的事業，常上電視，別人看到我也尊稱一聲老闆娘。但，這個「模式」距離我成為億萬富翁的目標還是很遠。

除非我必須承接十倍以上的公關活動量，或一天二十四小時都上通告。但就算這樣，我仍只是千萬富翁，而非億萬富翁。

我必須改變。

人生就是這樣：山不轉路轉，路不轉人轉。

既然舊的模式已經不符合我的夢想目標，我就毅然決然的跟著我夫婿去到新的戰場。我們一起飛去中國廣西，在那裡，我們又是從零開始。

任何人都可以從零開始，只要具備以下四樣特質：

1. 追求夢想的堅定信念；

2. 在別人眼中誠信的形象；

3. 達成目標所需具備的專業技能；

4. 成熟穩健的高 EQ，不輕易放棄的強韌心靈。

以上四項，缺一不可。經常，我們聽到有人東山再起的故事，有的人曾經是大老闆，後來卻因為事業擴張太快、周轉不靈，或者遇人不淑被盜用公款等等，總之他們就從堂堂大老闆的身分，淪落到負債跑路的窘境。

但就算這樣的人，他負債千萬，跟一個小有資產的上班族相比，站在同一個時間點開始努力，五年後，這個人又是一個大老闆，那個上班族，則仍是上班族。

差別在哪？就差在這四樣特質。

常有人跟我說，他想要成功，但我就會反問：「請問你有多想成功？是希望哪個財富之神經過時，可以讓你好運碰上的那種成功？還是你願意為了追求成功，放掉過往一切，就算要經過一段餐風露宿刻苦時光也不介意的那種成功？」

28 歲那年，我逐步結束掉臺灣的事業，一件一件交代清楚後，讓自己再次歸零，跟著夫婿一起飛到人生地不熟的他鄉。

我們雖然事業從零開始，但資產不是零，至少我和他過往的事業都小有積蓄。

我們也不是隨便找個地方就說要闖蕩江湖，我們還是有事先做過市場調查，同時透過我婆婆的關係，在廣西有一定的人脈。

只不過不論是什麼事業，的確到了那裡都是重新建立。

到了廣西我們需要什麼呢？

1. 我們還是需要賺錢過生活

這沒問題，我和承旭兩人本來都有講師技能，在兩岸也算小有名氣，靠著演講維生沒問題。

2. 我們需要廣泛建立人脈

提起人脈，別人我不敢說，但我的夫婿絕對是這方面的第一把交椅。在網路上只要輸入「人脈達人」四個字，最先出現的人名就是翁承旭。

從到達廣西那天開始，我們就積極建立人脈。透過演講，我們參與當地的社交圈，並且透過網路系統，創造更大的價值。

3. 我們需要信念與共同目標

這一點絕對沒問題，我們夫妻同心，都願意一起飛去陌生的廣西了，哪裡會到了這裡還猶豫東、猶豫西的？我們就是憑著破釜沉舟的意志，立志一定要成功，才來到這裡。

就這樣，我們只靠著積蓄，開始在廣西打拚，目標是全中國的市場。

這回我們不靠開公司賺錢，更不是靠出賣勞力賺錢，那些都是舊有的賺錢模式，這一回我們要靠的是系統的力量賺錢。

但，在那之前，我們必須建立一個池塘。是的，有個大池塘，就可以釣到源源不絕的大魚。讓我們開始吧！

👑 打造一個致富的池塘

建立事業不是那麼容易，更何況是在異鄉。

建立事業需要打基礎，建立事業也需要等待。所謂「貪快不長久，貪多嚼不爛」，剛到廣西的前半年，我們除了演講，不做事業，我們只是不斷的在建池塘。

在臺灣時，承旭本來就是一個網路行銷的專業老師，到了中國，網路的文化不一樣，但網路行銷的原理是一樣的。也許在臺灣流行的是 LINE 及臉書，到了大陸改成 Wechat 及淘寶，但兩岸的人都同樣渴望賺錢，也都渴望追求更好的人生。

當初選在廣西的一個重要原因，這裡屬於二級開發地區。

所謂一級開發區，例如北京、上海、深圳等，這些地方早就已經被列為高度關注，誕生了成千上萬的新貴。這樣的區域已經被太多人捷足先登，缺少藍海市場，不是我們的首選。

至於太內陸的地方，則又過於偏遠，基礎建設都還在規畫中，在地的國民所得也低於全國人均線。這樣的市場又太過落後，甚至連網路都還不普及，這也不是適合拓展事業的地方。

但像廣西這類的二級開發區，以經濟繁榮度來說，不但遠遠無法跟上海、北京相比，也完全比不上隔鄰的廣東。但以地理位置上來看，廣西鄰近靠海的省分，也是作為沿海與西南內陸串

連的交通要道，當年還沒有喊出「一帶一路」的口號，但當時我們就知道，廣西也是通往東南亞的重要樞紐。

這樣的地方雖不是一線城市，但反倒有很多商機。在這裡我們不做貿易買賣，可是我們卻知道，不論哪一行的老闆，賺錢後都想要投資置產，所以我們主力就放在廣西的房屋投資買賣。

如果說，廣西當地的房屋仲介公司都無法把自己的商品銷售成功，那為何來自臺灣的兩個年輕人就可以呢？

答案是，銷售要有工具，營運要懂策略。

是的，要把事情做成功，是有方法的。

一開始，我們在微信開了一個公眾號，就叫做「北部灣」，那是廣西的一個區域名。光從名字可能不曉得這是什麼意思，像是個風景區。其實北部灣也是當地知名的一個經濟開發區，取名北部灣，就是要吸引對這區有興趣的投資人。

我們想賺錢，但我們不會一開始就躁動行事。夫妻兩人分工，我們到處去蒐集廣西的各種投資訊息。所謂「資訊就是力量」，當地有很多的資訊，但並沒有任何人做「整合」這件事，也因為嚴重的資訊不流通，很多好的投資機會，連當地人都不知道，更何況是外縣市的人。

透過我們的努力，一點一滴的累積資源，搭建了一個方便的資訊平臺後，效應開始出現了。我們的微信一開始的人流不多，但只要來過的人，就一定會留下來。如果一個人對廣西的投資沒興趣，也不可能會來逛，只要會來逛的，就會符合我們的客群。

就這樣，半年過去後，我們的微信公眾號竟已累積了 22 萬會員。這 22 萬會員可不只是累積上網參觀人數，而是經常在線、長期關注我們訊息的有效會員。

當池塘建成了，接著就可以持續釣魚了。

一個 22 萬有效會員的網路平臺可以做什麼事？可以做的事可多了。我們可以收廣告費，保證付費廠商的商品可以給 22 萬人看見；我們可以向這些人收取簡單的會費，就算一個人一天只收 1 元，一天下來就有 22 萬，而且還是人民幣呢！

但我們的池塘建立後，我們非常珍惜這個池塘，不會為了賺錢，做出殺金雞母取金蛋的事。一開始我們就建立原則，不要因為任何的垃圾廣告，或者太過飢渴的收費行為，破壞了原本網站的形象。我們寧願只專注做一件事，這件事就是原本北部灣平臺在做的事，那就是介紹好的投資機會。

我們只跟房地產公司合作，促進地方繁榮也符合我們的使命與形象。

當一個房地產的投資機會，一次可以曝光給 22 萬人看到，那結果會是什麼呢？今天甲對這房子沒興趣，乙卻可能有；乙沒興趣，丙也可能有。就算甲、乙、丙、丁……一路排下去，大部分人都對這投資訊息沒興趣，22 萬人總還是會有人對這房屋資訊有興趣。

就這樣，我們靠著一個「有效」的平臺，兩個來自臺灣的年輕人，成了廣西當地最知名的房屋銷售專家。

透過平臺的撮合引介，我們每天都有新的成交專案。我們不貪心，不去做房屋供應商，我們只專心做好網路仲介，光靠仲介抽成，每年就有千萬收益。

這期間，承旭努力維護好平臺，我也半投資半興趣沒有壓力的，在中國陸續投資購置了二十幾棟房子。

消息傳回臺灣，媒體也專程來採訪我。說我是創業的典範，才三十出頭就已經身價上億，擁有許多房產。

而這一切都歸功於有一套好的系統。靠系統賺錢，遠遠比靠勞力、靠有限資源賣產品……等等要快得多。

當然，首先你要建立系統。我們成功建立了一個網路銷售系統，不代表任何人都能夠比照辦理。

👑 不只財富自由，還要幫助更多人財富自由

如今，我和承旭透過一套有效的系統，已經讓我們達成人生的目標，而我們都還年輕。我們有事業、有資產，有兩個可愛的小孩，我們也都有能力照顧好自己的長輩和家人。

難道，人生還可以有更高的境界？

是的，一山還有一山高，人生當然要有更高的境界。論財富，我們雖然已是億萬富翁，但跟世界首富比，仍只是他們財富的一個零頭。但今天我們的重點不是在人比人氣死人，更不會想要炫富。

我們時時刻刻在想的是：

有錢可以讓自己過更好的生活，

但如果可以幫助更多人一起過好的生活，

那人生不是更有意義？

在求學時代，我也曾學過「國父思想」，老實說，那些很八股的文章我早已忘光了，卻一直記得國父講過一句對我來說很重要的話。

國父說：「聰明才力愈大者，當盡其能力，服千萬人之務，造千萬人之福；聰明才力略小者，當盡其能力，以服十百人之務，造十百人之福；至於全無聰明才力者，亦當盡一己之能力，以服

一人之務，造一人之福。」

這句話對當年還是個落魄打工仔的我來說，簡直像是天方夜譚，自己都吃不飽了，哪能「造福」別人。

但隨著我和承旭的事業資產越來越大，我們卻更相信，我們有「造千萬人之福」的能力。

只是，怎麼做呢？難道只是捐錢做善事就好嗎？施捨是件好事，但卻不是我們理想中，幫助別人的目標。

原本我們已經透過微信公眾號系統打造一個池塘了，這已經是透過系統賺錢了，難道這個世界上，難道還有比這種系統更好的模式嗎？

有的，這世界上唯一比打造一個系統可以賺更多錢，同時可以幫助更多人的模式，就是建立一個以無敵制度做背景的系統。透過這樣的系統，不但可以讓原本的系統更加長長久久，更且可以用實際的方式去幫助人。

原本的系統是個大池塘。但有好的制度為依憑，就可以讓靠近池塘的人，我們不只給他們魚，我們還給他們釣竿。

哪裡能找到這樣的制度呢？

說起故事的淵源，要提到我的一個老朋友——陳姐。

陳姐是我認識超過十多年的老朋友，她很早以前就在從事傳直銷，並且成績還算不錯，二十年來累積已達上億。我這個人對任何行業都沒偏見，我尊重所有努力為專業打拚的人。

　　對於透過人脈網絡做行銷，我認為重點不是在模式問題，而是在心態問題。今天我們透過分享好的東西，讓朋友因為真的產品好而廣泛推薦，這是沒問題的，網絡的好處就是可以讓分享的速度更有效率。

　　但我反對的是，許多人透過人際網，一心只想怎樣利用網絡幫自己賺錢，一味只想著要推銷東西，而非誠心分享產品。觀念有偏差，行為就無法帶來正面意義。

　　以分享的角度來看，我的基本思維是個人做事個人擔，今天我若做一個決定後來失敗了，這是我自己的選擇，我會承認失敗，爬起來再往前走。但今天我若引介別人參加一個事業或投資，後來他因此慘賠或得到不愉快的經驗，那我會覺得，我是引介人，我也必須為他負責。

　　既然我不敢保證每個投資都是最好的，我無法為那麼多人負責，所以每次有人推介我產品，我的態度是：

1.　謝謝你和我分享你的產品，我相信你介紹的產品應該不錯。所以，這產品多少錢請跟我講，我現在立刻買。
2.　我只做消費者，請不要叫我再介紹別人來，因為我不想為另一個人負這麼大的責任。

　　由於我的人脈很廣，理所當然的，我認識許多透過網絡做行銷的朋友，會希望我去捧場。所以，若有機會到我家參觀，幾

乎可以找到來自各家不同公司的保健品以及保養品。

我聽過許多不同銷售公司幫助人成功的故事，我也相信只要透過努力，一定可以讓原本經濟條件不好的人，透過倍增式的銷售模式，找回自己成功的人生。

只是當年的我還沒有一個好的系統搭配，所以對加入這些模式相關的事業敬謝不敏。

直到我和夫婿結婚，我們也有了一個好的行銷系統，加上我們的夢想是造福更多的人，而這也與好的倍增式銷售模式相符，於是在 2015 年，我們的事業來到新的轉型。

首先，還是從陳姐開始說起。

♔ 再次建立打造財富的新系統以及新事業

陳姐這個人，做事認真，很願意衝刺事業。她的做人誠信我放心，她賣的產品我也盡量買單。但人歸人，事歸事，我交她這個朋友，不代表我要支持她的事業，除非我真的覺得她的商品非常非常的好。

曾經就有這樣的一次經驗。

那年，已有千萬身價的陳姐，很興奮的來找我。

「宥忻，宥忻，我這邊有一個投資機會，保證讓你獲利好

幾倍！」

相對於她的興奮熱情，我則是非常冷靜，聽著她繼續講。

「這個投資機會錯過可惜，你只要介紹更多朋友一起共襄盛舉，你也可以有豐厚的抽成回饋喔！」

抱持著一貫的立場，我跟她說：「陳姐，我支持你，但你知道的，我不會介紹朋友加入，這個投資需要多少錢，直接跟我說吧！」

於是，那一次我義氣相挺，當下就投資了五百萬。此後她就無消無息。我也不去特別追蹤這件事。

半年後，在一次社交場合中，我又遇到了陳姐。光看她羞赧的表情我就猜到，我那筆投資大概沒指望了。果然，陳姐一看到我，未語淚先流：「宥忻，對不起，那家公司倒了，你那筆五百萬……也全沒了。我自己不但賠了千萬，還連累很多朋友，我對不起大家……」

看著她梨花帶淚的模樣，我還能怎樣？難道要我去守在她家門口討債嗎？我自己18歲經歷過陌生人來家裡搬家具的狀況，我這一生絕不會對別人做同樣的事。

於是我輕拍她的肩膀，不去計較那五百萬，反倒安慰她：「不要難過，今天我賠了五百萬，日後會賺回五億；你賠了一千萬，日後一定賺個十億回來。」

陳姐用不可置信的眼神看著我。

「你不怪我？」

「是的，我不怪你。」

（心中ＯＳ：不然難道要我打你、罵你嗎？）

接著，陳姐突然大哭，說我真的是她在這個世界上唯一的朋友。

能夠當別人在世界上「唯一的」朋友，這感覺也不錯啦！

我只能這樣自我解嘲囉！

當時絕對想不到，日後我真的會參加她公司的事業。

從那天以後，又幾年過去。

2016 年春節剛過，我帶著兩個小孩回臺灣，準備在臺灣註冊學校。那天我無意間看臉書時嚇了一跳，我竟然看見陳姐在「露胸」。

天啊！如果陳姐是二、三十歲的年輕女孩也就罷了，但她已經年過五十了耶！這把年紀還在臉書上貼露胸照，答案只有兩個：不是腦袋秀逗了，就是她去想不開去隆乳，我寧願相信答案是後者。

基於關心朋友的心態，我從通訊錄找出她的電話，立刻和她聯絡。

「陳姐啊！我是宥忻啦！最近好嗎？你最近是去隆乳嗎？怎麼有這個興致啊？」

一掃多年前一把鼻涕一把眼淚的樣子，現在的陳姐聲音開

朗明亮，還在電話裡嬌笑一聲：「不是啦！是我用到很好的產品啦！」

一方面帶點好奇，一方面也想跟老朋友聯絡，於是我就和陳姐見面，聽她講她那個「神奇」的產品。

結果見面後，她拿給我兩盒產品。一盒叫做「蘋果幹細胞」，一盒叫做「小分子肽」。說實在的，我自己家裡保養品真的太多了，她又來推薦這新的產品，我一點興趣都沒有。不過我照例還是問多少錢？

此時陳姐很激動的說：「宥忻，你曾經幫助過我，這樣的恩情我一輩子不會忘。所以這兩盒，我……免費送你！」

哇嗚！陳姐好慷慨喔！

心裡則不斷的OS，所以五百萬，就換回這兩盒產品喔？真是史上最貴的保養品了。

不論如何，買都買了，其中那盒蘋果幹細胞，聽說可以清腸胃，我就姑且用用看吧！換算起來，一包價值十幾萬，不吃可惜。於是我當下就吃一包，沒想到沒多久，就感到一陣腹痛，必須一直跑廁所。

從廁所出來後，我立刻打電話給陳姐：「天啊！這是瀉藥嗎？為何我一吃了就想上廁所？」

後來才知道這東西有排毒效應，可以幫助我們清理腸內皺褶裡累積經年的髒污。經過這樣的排毒，身體將會更健康，也會有美容效果。

陳姐還說：「這可不是普通的蘋果喔！是來自瑞士的，裡面的幹細胞有助於修復你的細胞，可以讓你變得更美麗。」

那時她講了一堆術語我都沒特別去記，只記得陳姐強調「可以美容」。想起陳姐ＰＯ的露胸照……好吧！我就吃吃看吧！

至於有關小分子肽，我想起過往在中國居住時，也接觸過肽類的產品，不過當時因為本身保養品太多了，我自己沒喝，轉送給越傭阿禾喝。沒想到才過一星期，阿禾興奮的跟我說：「太太，你送我的東西真的好好喝喔！我的先生說我變美了，說好愛我喔！」

想起這件事，現在我特別仔細看我手中這盒小分子肽，並且特地上網做功課，發現原來這個小分子肽，還真不同凡響呢！一般的小分子肽，純度達 70％以上已經很不錯了，這家的小分子肽竟然高達 92％。

我知道若買一瓶純度達 80％的日本製小分子肽，價格高達 6000 元人民幣，至於排毒，在中國上海有個一周的排毒營，收費則是要 1 萬元人民幣。

既然這兩盒東西，一盒排毒那麼有功效，一盒含高純度小分子肽，那它們一定價值不菲（無怪乎陳姐覺得這兩盒可以抵我那五百萬……），於是我打電話給陳姐，問她這兩盒的價格。

一問之下，我真的很驚訝，這兩盒的價格，含稅竟然都不到 3000 元。

後來我自己使用，也覺得小分子肽真的對我有不錯的影響，我不但皮膚變得更緊緻，也更加亮麗了。終於，我開始對這樣的商品有興趣了。

第一，東西真的好，我親自試驗過。

第二，價格真的很划算。

光這樣，我就開始對做這產品的生意有興趣了。再加上我和陳姐再次見面後，她提供我的訊息：

第三，這產品背後有一套很棒的利潤分享制度。

第四，這商品只在星、馬、臺推廣，預計要 2017 年才引進香港以及全世界。

有了以上四點，於是在我腦海中就形成一個新的事業藍圖。那時，我先生還在大陸忙房地產事業，我一通國際電話打過去，要他暫停他手上的事業，回來幫助我的新事業。

當他還在抱怨，他手頭上的生意是百萬、千萬計，難道要回過頭來和我做這一盒兩、三千元的保養品嗎？

我就跟他說，如果你不幫我，以後你就自己睡隔壁房間。

聽到老婆大人下令了。他也只能哀嘆一聲：「世界上最痛苦的事，就是老婆變漂亮的同時，我卻得睡隔壁。」

於是我們夫妻再次合力，引進這套我覺得很棒的商品系列，到香港以及朝世界發展。

就這樣開啟新的事業。

當然那又是一段新的故事，在此我們先講結果好了。

從 2016 年 3 月到 2016 年 12 月，短短九個月的時間裡，我們就創下了華人直銷前所未有的新紀錄。

九個月的時間，我們從零開始做起，後來建立起全球業績一天一億元的實績。從原本的五個基本成員，拓展到會員超過三十萬人，其中已有超過五千人，達到日入萬元的標準。

我們真正幫助了很多人。

未來還要再以倍數成長的速度，幫助更多人。

成功挑戰自我的練習題

【練習1】

親愛的朋友，本書閱讀到此，你有沒有什麼心得？檢視一下自己，你具備成功的特質嗎？

1. 你是否追求夢想的堅定信念？

2. 別人眼中的你是否具備誠信的形象？

3. 你是否具備達成目標所需具備的專業技能？

4. 是否擁有成熟穩健的高 EQ，不輕易放棄的強韌心靈？

【練習2】

現在的你，是擁有一個工作，還是一個事業？你的工作，能夠為你帶來多少價值（收入）？你的工作，能夠帶給別人多少價值，這個價值是否可以最大化？你是否願意加入或打造一個致富池塘，幫助更多人，也讓自己擁有更多財富？

第三部

致富技巧篇

| 第九章 |
人生逆轉勝的基本思維

你，過得好嗎？

你，現在快樂嗎？

不快樂的原因是什麼？

是因為金錢問題，還是感情問題？是因為遇見不可抗力的無奈，還是心中有個企盼遙不可及？

其實任何人都一樣，包括年收上千億的集團總裁，或是還在讀國中的學生，人人都會碰到挫折，人人也都有煩惱。

問題只在於面對事情的態度。

對學生來說，不小心弄丟了媽媽給他的五百元，可能當天就像遭遇世界末日般惶恐擔憂；對企業總裁來說，遇到食安問題，商品全面下架，公司一下子損失數千萬元，這卻只是他無數個所需面對挑戰其中的一個，他還是能夠指揮若定。

格局不同，人生境界也不同。

今天不論你是什麼身分，資產有多少，也許你是處在生命

的谷底,覺得前途一片茫然;也許你生活過得還可以,但卻離心目中的理想目標還很遙遠。

沒關係,從現在起,就把自己視為被敵人包圍在河邊一隅的將軍。你是要束手就擒?要轉身跳河自殺?還是展現戰神的威力,衝出重圍,開闢疆土?

讓我們一起創造逆轉勝的人生吧!就從這刻開始。

👑 選擇比努力重要

假定今天,你就是那個 18 歲的我。你幾乎身無分文,連可以保護自己、支持自己的家人,也都不在你身邊。那時你沒有工作,連下個月要繳的學雜費都還沒著落。這時候你會怎麼辦?

首先,請記得這個觀念:

世界上只有兩種事情,

一種是可以靠努力解決的,

就算過程再辛苦,你也必須選擇面對。

一種是再怎樣掙扎也無力抗衡的,你就必須選擇放下。

說起來,做人處事的基本學問,就是面對與放下。

以 18 歲的我為例,什麼事是我再怎麼努力也不能解決的?很多,爸媽離婚我有辦法阻止嗎?沒辦法;家中破產我有辦法叫

銀行不放查封條嗎？沒辦法；已經分崩離析的家，我能夠找回財富與親情嗎？以一個高中生來說，也是沒辦法。

但世人往往如此。碰到沒辦法面對的事情，不但無法勇敢斷離，並且還因為自暴自棄、蹉跎光陰，讓事態變更嚴重。我們或多或少都曾看過，失戀的人借酒澆愁，拋下工作、形銷骨毀；公司破產的人，覺得人生無望，攜家人燒炭自殺。

我自己當年也是碰到打擊後，有一整個星期沉浸在哀傷裡。但老實說也不能苛責當時的我，不是嗎？當年我還只是個未成年的女學生。

然而，即便是當時未成年的我，沉溺悲傷的時間也只有一星期。如果你已經是成年人，那你絕對有能力做得比我更好。

基本問題還是回歸到你的認知態度。

你是怎樣定義這件事是無力解決的？

哪件事是靠努力可以解決的？

以家裡被查封這件事為例，對一個高中生來說，我當時真的無能為力。但如果同樣的事情發生在現代，身為一個企業家的我，可能就可以有解決方式，好比說趕快請其他企業家朋友緊急救援，或跟銀行協商……等等。

同樣的事件，對格局不同的人來說，定義就不同。而關鍵就在於你的選擇。

再以地震帶來災害為例，地震這件事是天災，我們人力無

法預測抗衡，當天災出現讓房屋倒塌，這件事發生了，我無力抗衡。但對於重建家園這件事，不同的人面對的態度就不一樣了。有的人選擇再站起來，一磚一瓦重建家園；有的人沉溺在回憶裡，想到這個家是他辛苦賺錢存錢好不容易貸款買來的，一夕間整個毀掉，想到就心灰意冷。

我們不是聖人，也非冷血，當碰到災害挫折打擊時，不可能完全無感。然而成功的人與失敗的人，很重要的一個差別，就是**面對挫折之後的復原力特別快**。

今天起，做為我們逆轉勝迎向財富人生的第一課，請大家切記這個至理名言：

成功的人不是不會遭遇到失敗，

成功的人只是能夠復原得比一般人快。

很重要，所以要說三遍：復原力、復原力、復原力。

看看經典拳王賽，經常勝利者不是打擊技術最強的人，而是抵抗力最頑強的那個人。可能他整場都被挨著打，但即便鼻青臉腫，他總是選擇不放棄，跌倒再站起來。到後來，對手累了，換他主導場面了，他一拳就擊倒對手。

今天起，讓我們把命運假想成那個把你打到令人慘不忍睹的惡霸。你要讓惡霸得逞嗎？你真的確定你無力還擊，選擇要倒地

不起嗎？你不能忍住身上的傷痛嗎？你連再撐一下都不行嗎？

每當碰到挫折打擊，就問自己這樣的問題。

例如：失業且負債百萬，你真的確定你無力東山再起，選擇一蹶不振嗎？你完全無法從失敗中爬起來嗎？你就連試都不試嗎？

任何人，任何問題，相信我，只要你願意改變你的定義，將原本認為無力抗衡的事，定義為你可以挑戰的事，那麼你就可以像那個跌倒再爬起來的拳手，撐到最後的勝利。

天災，這件事我無力抗衡，但破產這件事我可以面對挑戰；女友變心我失戀了，這件事我無力抗衡，但找到新的真愛，這件事我願意面對挑戰。

很多事情，老師、專家及朋友都可以幫你。
全世界唯有一件事大家都不能幫你，
那就是為自己的人生下決定。

選擇比努力重要。當你選擇提升自己，讓自己把原本事事視為不可抗衡的心，調整為「我一定可以面對挑戰」，這就是你逆轉勝的關鍵點。

請在你的人生日記本裡，記下這神聖的一刻。

👑 學習行動，行動學習

人生有許許多多的選擇。

最重要的一個選擇，就是「選擇讓自己願意面對挑戰」。

心態對了，接著才是找方法。

當第一個選擇做成了，接著就是第二個選擇了。

那年 18 歲的我，從悲傷沉淪中站起來，接著就是要面對問題。我怎麼做呢？首先我先整理當下階段的處境，接著列出面對這樣處境，我該怎麼做？

還是高中生的我，思慮當然不夠周密，眼界格局也很窄。當時做出的決策事後來看，不是最佳決策，例如我選擇報酬率偏低的工作，忙了兩年才存到十萬。

例如我選擇的是沒有額外投資效益的打工，像端盤子這樣的工作，除了可以見到形形色色的人外，並沒能讓我學到更多技能，我甚至在餐廳工作一段時間，卻仍完全不懂廚藝。

只能說，我當時先選擇面對人生，之後找的方法雖然不是好的方法，但比起坐困愁城，我已經突破了自己第一關的局限。

現在讀這本書的你，一定比當年的我更聰明，也比當年的我更能把事情看遠。此外，你還有一個當年的我絕對沒有的優勢，那就是現在有一位億萬富翁在為你現身說法，傳授你用生命體會

的逆轉勝至理。

這裡告訴你逆轉勝的基礎第二課，就是**學習**。

面對事情，先調整正確心態。有了正確心態，接著要找方法。但好的方法怎麼來的呢？

有兩種，第一是靠自己摸索成長，第二種是靠別人支援。而這兩種，都植基於學習。

◆ 跟別人學習

先來說說你怎麼靠別人支援吧！當年 18 歲的我，開始想賺錢，但我在那之前一點工作經驗也沒有啊！那要怎麼找到工作？答案是：靠嘴巴問。

由於我問的對象都是想賺點零用錢的學生，所以得到的答案也一定都是只能賺少少錢的工作。

當你什麼都不懂的時候，任何人都可以是你的老師，

當你懂得越多，就可以認識更高階的老師，

當你身邊的老師程度都有限時，你學習的境界就很有限，

所以改變學習環境，才能改變人生。

在對的時間找到對的老師也很重要。

以 18 歲的我為例，當年我沒有任何的基礎，就算我突然遇到一個理財大師跟我解惑，我可能也不能進入狀況。太早學習那

些高端投資理財，搞不好還會因投資失利而種下錯誤的觀念。所以人生學習需要老師，但也需要循序漸進遇到對的老師。

但怎樣讓自己遇見對的老師呢？這就關係到學習的第二點，也就是靠自我進修的學習。

18 歲的我，若遇到一個世界大師，但我無法聽懂他的理念，這無可厚非，因為我還是稚嫩的少女。

但假如到了 20 歲，我遇到同一個大師，仍無法聽懂他的理念，那就是我的問題了。我沒有讓自己成長到可以接受更高深理論的階段，因此人生無法有進一步突破，責任一切歸咎自己。

讀者們，請捫心自問。現在的你，處在人生的哪個階段？也許你是二十幾歲的上班族，也許你已經是三、四十歲的中年人，但你的「學習格局」有跟著你的年紀一起成長嗎？

當你在某個產業上班，你卻無法聽懂郭台銘或張忠謀等企業家對產業界的布局想法，只能人云亦云，跟著媒體報導起舞，那就是你自我學習只停留在低階的階段。

當公司碰到危機，你只能跟著其他同仁一起驚慌失措，等待上級吩咐，同時間主管們卻已經訂出作戰方略，和老闆提報因應方案，那麼，這就是你還只是個中低階員工的格局。

格局怎麼提升呢？靠自我進修學習。

◆ 不斷提升自己

從 18 歲開始，我被生活所迫，必須在很短的時間內快速成長。很多時候，我都靠自我摸索。

開早餐店之前，我從未下過廚。不會做早餐的我，只能限定時間讓自己成為端得出早餐的人，否則這家店就開不下去。

怎麼做？就是行動再行動。不會做，就一遍一遍看著基本食譜的教法，摸索到會。

在東森寬頻做業務，在那之前我也從來沒做過業務。但不做就沒業績，沒業績就沒收入繳學費，只能讓自己立刻進入狀況邊做邊學。

第一回用某個話術，發現客人反應不好，立刻調整，換其他方式講。發現客人比較有興趣聽我講了，就知道這個方向對，然後繼續調整再調整。

不知道是幸還是不幸，我在人生的許多事，包括接通告上電視、在資訊展當主持人、去學校開講座、擔任公司總經理去洽商業務、投資房地產、去大陸開拓事業……我很少碰到有前輩帶領，然後我「聽話照做」就好，幾乎每件事都是第一次就得上手。孔子有句話說：「吾少也賤，故多能鄙事。」我的許多事，也都是因為得靠自己，所以磨出我的經驗來。

可以說，人生的自我學習，就是行動再調整。一個人若視野格局太小，那麼主要原因一定是缺少行動。

四體不勤，每天只懂得在辦公室內行禮如儀做刻板工作的人，到四、五十歲時仍思想貧乏、胸無見地，一點也不意外。

同樣是業務性質的工作，有的人每天勤跑外面，用行動累積經驗，用經驗累積業績；有的人則是每天呆坐在辦公室內蹉跎光陰。一年下來，勤跑的那個，年收入達兩、三百萬，辦公室那個，卻因混不去了再次失業，這也一點都不意外。

所以行動，就是一種學習。

碰到煩惱時，與其坐困愁城，

還不如用行動來找出化解之道。

👑 選擇對的人，決定你優質的一生

現在，你已經做了兩個選擇。

第一個選擇，你選擇積極面對人生挑戰，不要被挫折打倒。

第二個選擇，你選擇用行動來學習，不斷來提升自己。

這些只是成功者基本思維，你必須把這樣的事當成像呼吸一樣自然的習慣。如果你還心存依賴，碰到事情就想求救。把無知當天真，那你必須要先讓自己堅強起來、成熟起來。

難道一定要像我這般碰到人生意外，才被逼迫成長嗎？相信你已做了一個重要選擇，當你決定要閱讀這本書，你一定也已

做好心理準備，想讓自己人生不一樣。

人生就是一連串的選擇，所以我們還是繼續談「選擇」。在所有選擇中，選擇對的人，對我們事業發展有關鍵影響。

人生有四種對的人非常重要：

◆ 選擇對的學習對象

特別是在年輕的時候，越早得遇名師，越早能奠定優質的人生基礎。

舉個例子吧！有一回，我開車載著小孩要去購物，當天碰上塞車，情緒不免有些煩躁。這時有人按我一聲喇叭，我不禁怒喊一聲：「叭什麼叭？去死啦！」

後來車子繼續往前開，來到一處紅綠燈口，附近又有車子在按喇叭。這時候我背後忽然傳來一個稚嫩的罵聲：「叭什麼叭？去死啦！」

出聲的是我那個才 2 歲的兒子。當下，我趕快跟孩子認錯：「媽媽剛剛做的是錯誤示範，你不要學我喔！」

一個人越年輕就越像一張白紙，此時誰先在這張白紙上烙印一個觀念，之後其他人的觀念就很難覆蓋。所以若孩子少了大人監督照顧，不小心結交到壞朋友，就很容易誤入歧途。也因此，就算學費再貴，許多家長們還是選擇要把孩子送到教育環境好一點的學校。

小孩如此，那大人呢？

必須實在的說，如果你不是個愛學習的人，那麼就算你已三、四十歲，許多觀念仍可能處在幼兒階段。這樣的人比較容易被騙，在職場上也比較容易被人牽著走。

學習不單指專業的學習，更包括心靈成長與生活智慧。

有些學者在專業領域裡雖是學富五車的教授，但在人際應對進退方面卻可能還是張白紙，所以聽到高學歷者輕易被海外一通電話就騙走鉅額財富，也不必感到驚訝。

所以我在不同場合，不論是演講或與年輕人交流，總不厭其煩的要他們學習、學習、不斷的學習，並且要找到對的人學習。

那麼什麼是對的人呢？

1. 專業的講師

基本上，所有能夠公開授課公開招生的講師，絕對有其一定的專業。包括心靈勵志、業務銷售、商業模式、成功法則、投資理財等等。

只要有機會，不要忘了去充電。寧願吃喝玩樂的事省一點，也不要忽略上課的重要。若是有世界級的大師來，更是不能錯過。花點錢吸收世界級導師頂尖的智慧，絕對划得來。

2. 領域內的成功人士

想學銷售，要去跟業績頂尖的人學？還是跟其他還沒什麼

業績的人學？

這是很明顯的道理。但生活上，許多人卻總是反其道而行。看到老闆靠近就想躲起來，反倒喜歡跟同事偷雞摸魚，聊些不長進的事。老闆才是成功的人，你不去學，卻跟著別人鬼混，難怪格局有限。

要想有所成就，不要懷疑，就找你所認為最成功的人學習就對了。甚至有機會我也想和郭台銘先生請益，不要害怕被拒絕。

只要學到一個成功的觀念，就可能改變你一生。

3. 生活經驗豐富的人

有句話說：「家有一老，如有一寶。」老人不一定是成功的人，但老人一定是經過歲月洗禮，看過的事情比我們多的人。

人生路上，學習如何成功很重要，

有時候，學習如何失敗也很重要。

身邊很多生活經驗豐富的人，也許是個老先生，他年輕時曾跑船歷經滄桑，老來孤單嘗盡人生冷暖；也許曾當過總裁，現在是個大樓保全，他曾經擁有千萬事業，後來經營不善，事業倒閉，妻離子散。不論何者，他們不一定可以教你如何成功，卻肯定可以告訴你如何避開失敗。

我自己從來不自以為高人一等，也不排斥和各種行業的人

聊天。他們或許不是成功的範例，但他們用生命見證了什麼路不能走，這是千金也難買的寶貴經驗。

你不用親自體驗失敗，就可避開那個失敗，這種學習對象也很重要。

4. 書中自有黃金屋

最後，有一個你隨時隨的可以學習的老師，那就是書本。要挑選可以對你事業有幫助，帶來正面力量的指引。

大凡一個專家可以出書，至少經過了出版社的檢驗。或者，我們在看書前也可以透過書評，先了解內容大概，再買來拜讀。

如果工作忙碌，讀書時間有限，那麼，至少要撥出時間，就算是搭乘大眾運輸的空檔也好，選擇經典來讀。

什麼是你需要的經典？依每個人的行業別及生涯規畫不一定，最好能請你的導師（如你正在上他課的那位講師，或你尊敬的企業家），幫你開經典書單，若你有機會來上我的課，我也可以在課堂上開經典書單給你。

◆ 選擇對的合作夥伴

合作夥伴非常重要，自不待言。但不是兩人合作投資生意才叫合作夥伴。好比說，你還是個學生，你有一個無話不聊的哥兒們，碰到事情或想追哪個女孩都和他商量，那他也算你的合作夥伴。

有的人有多重身分，例如他同時是餐廳老闆、是美食作家，也是餐飲學校講師。那麼，他可能在不同領域有不同的合作夥伴，但他若有個非常信賴的朋友，碰到什麼問題都會和他討論，那這個朋友則是他人生的重要合作夥伴。

人是適合群體的動物，找到合作夥伴很重要。一個人若沒有合作夥伴，要不他太孤僻，要不他太驕傲，兩種都不利於好的生涯發展。

我們身邊應該有的「對」的合作夥伴有：

1. 可以分工合作的人；

2. 可以意見交流的人；

3. 可以託付任務的人；

4. 可以督促自己的人。

有的合作夥伴可能以上四種身分兼具，身邊有這樣的人，那恭喜你，這樣的合作夥伴可遇而不可求。大部分時候，我們會有很多合作夥伴，每個人扮演不同角色。但不論如何，對的合作夥伴，有兩個基本評斷依據：

第一，要值得信任；

第二，最終要讓你的事情更有效率的完成。

如果不能達到以上兩點，那就不算「對」的人。

值得信任，包括品格，也包括責任感。

例如當年我開早餐店，以為找到一個志同道合的夥伴，沒想到她投入不到一個禮拜就退出，讓我一個人孤軍奮鬥，這就不是對的人。

而讓事情有效率完成，更是夥伴的根本。如果你的辦公室裡，有人可以和你無話不談、聊天打屁，但最終結果只是拖延你工作進度，或者有人整天抱怨，壞了你的心情，這些人都不會是對的合作夥伴。

合作夥伴可以選擇嗎？當然可以選擇，而且一定要選擇。

今天你想找人合夥開店，不用說，要找的人一定雙方理念要合，就算原本是認識十多年的老同學，也不代表是對的合作夥伴。這部分要好好坐下來溝通，如果只憑交情，就阿莎力兩人合夥投資開店，日後多半會出問題。

那在其他領域呢？好比說上班族的合作夥伴、發展新構想的合作夥伴，這些人一定要透過你的篩選。每個人一天的時間有限，你無法討好所有的人，除非你已經家財萬貫，不再煩惱錢，否則你多浪費一分鐘在和錯誤的人交流，就減少你一分鐘本來可以和對的人互動的機會。

那些只會抱怨動口不動嘴的人、情緒管理不佳的人、和你工作不對盤的人、總是做個牆頭草沒主見的人、出了事永遠跑第一的人……這些人或多或少會出現在你身邊，你可以禮貌性的和他們共處，或下班餘暇時間和他們無傷大雅的聊天。但只要和你

的事業、和你的人生目標有關，你就一定要選擇對的人。

◆ 選擇對的配偶

現代社會有許多不婚族或晚婚族，我也認識很多成功的企業家或專業人士，他們雖沒結婚或者離了婚，但事業也做得很成功，所以選擇對的配偶這件事很重要，但不一定是必要的。

我仍將這點列入「四種基本對的人」，主要原因是，我覺得對的配偶真的可以幫助一個人，包括沒結婚、但已經有固定交往對象的也同樣道理。

有的男生本來生活邋遢、花錢如流水，但多了個老婆（或女友）大人監督後，荒唐的生活變得有所節制了，買東西前也會先想過後再掏信用卡。

所謂「每個成功男人的背後，都有個偉大的女人。」的確，很多的企業家，多了賢內助後，一方面可以讓自己無後顧之憂，全力往前拚事業，一方面老婆也往往是重要的財務大臣兼生活智囊。而且人與人間的關係再怎麼親密，又怎麼比得上枕邊人可以讓你信任呢？

當我們有一個很棒但尚未成熟的事業構想，可以跟誰說呢？跟朋友說，搞不好他哪天偷了你的 IDEA 自己去創業；就算跟合作夥伴講，當念頭未成熟前，也不方便講得太深入。只有配偶，再怎樣都是自己人，兩人可以成為合體的戰力。

此外，家庭對一個人的影響很大。我也曾經因為自己的父

母離異，帶給我很大心靈的傷痛，後來遇見我的另一半，才逐漸化解當年心中的自我障礙。如果可能，我們不要選擇孤軍奮鬥，當然，這件事還得看緣分。

祝你能夠早日找到這個對的人，你的人生必定可以如虎添翼，更上一層樓。

◆ 選擇對的客戶

選擇好的導師、選擇好的夥伴、選擇好的配偶，這些大家都可以理解。但為何要選擇對的客戶呢？很多人可能就覺得不解。

好比說，當年我做東森寬頻業務時，我可以選客戶嗎？那時在路上逢人就攔，對我來說，大家都是陌生人，哪裡能選擇對的客戶？

所以說，一般的陌生開發，單靠勤勞，這並不是好的業務方式。後面我們會有專章，介紹締造財富最好的工作模式。

但這裡我們可以簡單的說明。不論各行各業，都可以選擇對的客戶，事實上，媒體業之所以興盛，就是因為有助於幫助廠商找到對的客戶。例如女性用品公司，透過刊登在婦女雜誌上的廣告，可以更聚焦於女性族群；年輕人流行小物，透過電玩平臺，更能鎖定這些目標年輕人族群。

同樣是做保險業務，一般基層的業務，可能靠著挨家挨戶陌生拜訪，累積客群，他們工作量大，訂單卻少。但一個高端經理人，可能將主力擺在拜訪企業家，也許一個月只拜訪幾個重點

人物，但光是一個企業家的保單金額，若連同將旗下員工一起納保，這樣的一個客戶，足以抵過基層業務跑一整年的業績量。

所以找到對的客戶很重要。甚至可以說，一個事業是否能成功締造財富，關鍵就在於如何用最短的時間聚焦於對的客戶。

我在學生時代做業務，辛苦奔忙，最終兩年只存了十萬元。但後來我和先生透過系統正確聚焦於對的人，迅速並大量的連接商品與客戶，快速打造億萬富翁的身價。

想要走出富裕自由的人生，記得要先找到對的人。

👑 擁有品格，做最好的自己

做為一個被認定為成功的人，他身上的哪個特質最重要？

能力最重要嗎？

請問銀行搶匪及駭客偷兒，他們的能力會差嗎？他們甚至可以藉由雲端科技掌控網路系統，從中竄改取代他人的帳號，或者精密分工，布局搶劫路線及退路。他們的能力比大部分上班族都強，但這樣的能力對社會有幫助嗎？

人脈最重要嗎？

媒體上每年都會有這樣的企業家，原本看似呼風喚雨，把投資願景說得天花亂墜，但後來卻登上社會版，有的是捲款潛逃，投資人在人去樓空的大樓前撒冥紙抗議；有的是犯了罪被通

緝逃亡海外，甚至在海外繼續過著奢華生活。這些人他們的人脈會差嗎？當年舉辦說明會時冠蓋雲集，知名政治人物都來站臺，牆壁上可能還掛著和總統合照的相片呢！

名聲及專業高度最重要嗎？

一個人如果已經做到中研院院長的位置，這樣的專業高度夠不夠？但即便站在這樣高度的人，也可能因為貪念而讓自己身敗名裂。院長都這樣了，其他像是大學教授、宗教領袖或某些領域的大師，他們專業及名氣絕對夠分量，但最終卻沒法被認定擁有成功人生。

所以，到底一個成功者務最重要的特質是什麼呢？

答案是品格。

某個部門經理出缺，該部門有兩個人符合接班條件，一個天資聰穎、能力很強，但品格有問題；另一個反應稍慢、腦筋沒那麼靈活，但保證品行值得信賴。有人問總裁要選哪一個？

總裁想都不用想，直接回答，當然是找品行好的那個。

成功＝目標＋狀態

目標確定了，狀態不對，仍無法獲致成功。狀態就是一個人帶給外在的整體感覺，包含他的熱情、他的親和力、他的品格，總體而言，就是他這個人的能量。

什麼是能量？說起來抽象。但我們一定可以在身邊看到這樣的人。有的人你一看到他，就覺得心中有種溫暖；有的人一進到一個空間，就讓整個空間「活」了起來。這樣的人具備高度熱情，大家一看到他就相信他對他所介紹的產品理念非常肯定、非常投入。這樣的人也具備一定的品格，值得讓人信任。

熱情，來自內心的真誠，
來自於他對所從事工作所銷售產品的真正熱愛。
品格，更非一朝一夕，
而是來自長時間對人誠信累積的好感與信任。

這種屬於內在層面而非技術層面的特質，非常的重要。一個人的狀態好不好，決定了他的成功格局。

事實上，多年來，這也已是老闆們的共識。人力銀行曾做過調查，企業主喜歡找怎樣的人？結果答案是：企業主寧願找沒經驗但有資質的人，因為有經驗的人自以為很行，反倒不受管教。而性格老實誠懇的人，你可以教育他，就算教一次教不會，只要多教幾次就好。再怎樣都比品德有問題、難以管教，甚至養虎為患要好。

然而也不要誤會，品格好和資質魯鈍、腦子不靈光、死腦筋、不懂通權達變……等並不是同義詞，這世上也是有人資質魯鈍，反應慢半拍，但卻同時也品格不佳。

我們也可以做品格好、有上進心、專業素質高又人緣好的人。說到底，這其實就是五育並重的意思，只不過大家總愛講成功學、勵志學，但若少了「品格」這一塊，就絕不能符合標準。

所以這裡要再次強調，選擇比努力重要。

問問自己以下的問題：當有一個保證獲利的機會，但必須出賣你的朋友，你願不願意去做？如果我們賣東西時減少一個流程可以省掉數百萬成本，但可能帶給消費者食安風險，只不過一般消費者應該不會發現這些問題。那麼，你願不願意為了省錢而減少這道流程？

如果你的答案是為了錢，你可以犧牲品格，那麼你這輩子就會成為錢的奴隸。當有一天你發現你已不缺錢，但這世上有許多東西卻是有再多的錢也買不到的時候，後悔就來不及了。

但選擇也需要勇氣及毅力。

試想，今天你在路上撿到一萬元，你通常會拿去警察局，那可能是因為你覺得拾金不昧是件高尚的行為，也可能因為你覺得為了小小的一萬元，若被監視器拍到了變成侵占罪划不來。

但今天假定金額是數百萬元，並且是在荒涼的山邊，保證沒監視器的地方，你若撿到這筆錢會不會占為己有呢？假定不巧你的公司剛好周轉有問題，正在煩惱借錢的事，這筆天外飛來的

錢你拿還是不拿？

事實上，這樣的事真的發生過，就在 2016 年發生了一件銀行盜領案，歹徒把贓款藏在山裡，被附近晨運的人撿到。假定你就是那個撿到的人，你會怎麼做呢？

想都不用想，直接送交警局的，就是有著高度自制力，高品德素養的人；內心天人交戰一番，最後還是送警局的，這樣的人也不要自責，這只是基本人性，但你需要有更堅定的意志，才可以主宰你的人生。

至於天人交戰後終於還是把錢占為己有，甚或想都不必想就直接把錢拿走，這樣的人內心已少了某種自我信念，通常也是個沒有大志的人。

無論碰到什麼事，都有自己堅持的原則理念，

絕對追求自己品格信譽，

這樣的人，短期內可能會在許多地方吃虧，

但長期下來，一定會獲得尊敬以及源源不絕的商機，

因為在商場上，所有商機都是植基於信任。

品格，對於自身來說，就是自愛自重。對於工作與服務來說，就是能夠做到責任感。

我從 18 歲那年開始打工，當時的我雖然很缺錢，但做什麼事絕對對得起良心，願意對自己也對客人負責。

開早餐店的時候，就算燙傷了，也要照顧好顧客的權益。做業務的時候，我會替客戶著想，如果客戶不需要的，我絕不強迫推銷。

我經常上電視，如果我的品德有瑕疵，還能夠在電視上大大方方的講話嗎？

現在我加入倍數式成長的網絡行銷模式，同樣也是因為負責，當我非常信任這個產品、這個制度，也信任這個機制可以幫很多人實現夢想，所以我投入了這個事業。

就如同你現在閱讀這本書，不是也因為對我的信任嗎？

選擇做個對自己負責，有品格的人。假以時日，你的成功也指日可待。

成功挑戰自我的練習題

【練習 1 】

親愛的朋友，當你購買本書，你已經做了選擇，希望自己成為更好、更成功的人。相信你也一定選擇讓自己成為願意接受挑戰的人，願意持續學習的人。關於學習，請列出你身邊對你有好的影響的學習管道。

好的學習對象：

好的學習媒介（包含書籍、講座、學習平臺等等）：

【練習 2 】

你是否是個擁有好的狀態的人？請做自我評估。

1. 你對你現在的工作是否具備高度熱情？

2. 你對客戶是否以誠相待？

3. 你是否能堅守自己的操守。就算有很大的利益誘惑，也不改變自己的承諾，以及遵守基本的道德規範？

4. 你是否總是充滿朝氣的面對每一天？

5. 你是否願意透過學習，讓自己能量總是處在滿滿的狀態？

｜第十章｜
如何脫穎而出，開創新局？

　　當你確認了自己要贏的志向，選擇要勇敢迎向挑戰。同時確認自己願意不斷學習，朝更高境界邁進。而你也確認你具備高超的品格，就算將來賺大錢，也不會忘記行善。那麼你現在就是個無敵的戰士，即便你嚮往攀登的那座高山還在遙遠的地方，至少你已經站在正確的道路上。

　　但如同打仗需要準備糧草及作戰計畫，創業也需要準備資金及營運計畫。當年我立志成為一個億萬富翁，中間過程也是經過許多的社會歷練。

　　我知道大部分人的目標都跟錢有關，就算目標不直接談錢，但假使有錢也可以讓目標更加容易實現。

　　所以我們就設定一個方向，讓自己擁有更多財富，以此為核心目標，做充足的準備。

　　想要脫穎而出，第一件事就是投資自己。

♛ 我一定要加入勝利組

大家都聽過醜小鴨的故事。小時候，醜小鴨覺得自己跟別人都不一樣，聲音不同、毛色不同，牠感到很自卑。直到長大後，牠建立了自信，發現了其實自己不是醜小鴨，而是美麗的天鵝。

有時候，我們會覺得自己跟別人不同，然後內心覺得不安。學生時代是不是有這樣的經驗？有時候你想念書，但周邊朋友都說要去玩，你擔心如果不去玩，會被說成「不夠朋友」，於是你選擇犧牲自己上進的決定，跟著大家去玩。

長大後在社會上工作，開行銷會議時，老闆提出想要辦周年慶商場促銷活動，同仁們為了附和老闆，也都紛紛高舉雙手贊成。你心中覺得現在是網路時代，若透過網路舉辦活動影響力會更大。但你一方面怕提出異議會被視為異類，一方面你其實對自己的想法也不是那麼有自信。最終你還是選擇跟大家一樣，一起附和老闆，畢竟，這是最「安全」的作法。

什麼叫做「平庸」？講好聽點就是中規中矩，講難聽點，就是沒出息。

今天如果大家的方法都很好，那當然可以跟著他們學習。然而，那些平庸的人後來有成為千萬富翁或成就什麼偉業嗎？並沒有。選擇跟著平庸走，最後連你原本存有的一絲絲鬥志，也會被消磨殆盡。

許多人到老來，回首一生，總愛說：「如果我當年怎樣怎樣就好了！」、「當時我明明有很好的機會！」……

千金難買早知道，好漢不提當年勇。

以現在做基準，讓我們努力脫離平庸吧！

當我們選擇不同的對象看齊，就能打造不同的標準。

19 歲那年，我為了考大學加入考前衝刺班，後來從模擬考成績不到一百分，最後終竟然可以在一個月內考上我心目中理想的學校。改變環境選擇新的競爭對手，是我成績突飛猛進的原因之一。

在班上，我原本是跟一群和我差不多程度的人競爭，他們沒有雄心壯志，也沒人會來激勵我。但到了衝刺班就不同了，會去上那個班的人，個個「殺氣騰騰」，整個班級散發出一種「不成功便成仁」的拚鬥氣氛。在那種氣氛下，我的學習鬥志也被激了起來，讓我很快的實力提升。

所以，提升實力的最佳方法，
就是永遠把自己放在高一點的等級。

一個武術高手怎樣能快速進步呢？就是把一個蠅量級的選手，丟到羽量級的選手堆和他們打。通常這個選手一定打不贏別

人，每天被打得鼻青臉腫的。但再把這個蠅量級選手放回他的蠅量級選手堆時，他忽然間就會發現自己的實力高出同伴好多。

同理，把一個英文老是學不好的人丟去美國自力更生，不用半年，三個月後就可以看到明顯的進步，英語甚至可以說得比學校老師還溜。

既然我們想要賺大錢，想要成為億萬富翁，那你要跟誰比？當然要跟實力最強的人。

當你改變心境，把自己和成功人士看齊，你的做法就會不一樣。當同事們每天打混，還沒下班就在看時間了。你的思維則是：當年郭台銘是怎麼做？馬雲像我這個年紀時他在想什麼？

這世界就是這樣，你將焦點放在哪裡，就會越融入那裡。你每天都在關注郭台銘如何想事情，馬雲如何想事情，你會勤看他們的文章，試著以成功人士的思維思考。

曾經有個臥底警察，深入黑道世界去做內應。但後來因為太深入了，反倒回不了頭，他想的、做的都已經被黑道同化了。到後來背叛了警方，真正成為黑道的一分子。

思想的力量是很大的，現在起，假想自己就是郭台銘的接班人。當你每天這樣想，就會融入那個思維，用有錢人的腦袋想事情，到後來你就真的會變成有錢人。

這就是一種自我長期投資。

158

所謂自我投資，包括投資自己的腦袋、投資自己的心志，以及投資自己的身體。

投資自己的身體自不待言，我們再怎麼忙碌，也都要記得三餐定時定量，保持運動的習慣，以及良好的生活作息。

投資自己的心志，就是不斷的砥礪自己，調整自己，讓自己永遠站在勝利組。

投資自己的腦袋，就是不斷的學習再學習。當我們跟成功者學習時，特別要學他們的三件事：

1. 成功者的內在信念

如果可以，選擇幾位你心目中最能代表成功的人，記下他們的成功座右銘。例如馬雲的座右銘是：「我永遠相信只要永不放棄，就一定會有機會。」他的經典語錄則是：「當你成功的時候，你說的話都是真理。」

想像一下，自己有一天講的話都被別人奉為圭臬，那多酷啊！在腦海勾勒這樣的願景，你就會更融入成功者的信念裡。

2. 成功者的外在策略

當你做銷售業務，或者想要推展一個行銷計畫，你當然要廣泛參考那些成功者的戰略。好比說，台積電董事長張忠謀曾說過，他贏的策略就是比競爭者多想好幾步。當你做行銷時，是不是試著培養自己沙盤推演的能力，當你走這一步棋，下一步競爭

者會怎麼反應？今天做這類的思考，你的腦袋就會進步很快。

3. 成功者的品格

如果有錢人就會受到尊敬，那為何同樣是億萬富翁，有的人會被不斷歌頌，好比說王永慶、張榮發，他們受尊敬的程度，不分世代都一樣。但有的人卻會被視為財大氣粗，甚至被視為負面的形象？

錢生不帶來死不帶去，但有錢可以為這個社會做很多事。如果我們有一天賺的錢一輩子都花不完了，可是走在路上卻得不到人們尊敬，那我們也不會快樂。

所以有機會，我們也要多學學那些成功者的風範。

當你不斷投資你自己，就會發現格局越來越高。如何讓「投資自己」這件事更加有效率呢？如同我常說的：「行動就是力量。」當你死記一個知識觀念時，那永遠只是呆板的輸入資料，唯有將這些知識觀念「用」出來，才能真正變成你的東西。

以我來說，我非常喜歡和別人分享，我特別喜歡當我去上完一堂課或正在學習哪門學問時，同時我也去當別人的老師，傳授這樣的知識。我這樣子一邊學，一邊又要備課教人家，這種雙倍教學相長的效應，會讓我更加融入這門知識。

例如你今天學會一個行銷技法，第二天立刻把這方法用在你的新產品推廣上。或者今天學會一個心法，當你走在路上觀察

街頭動態或與人講話時，就試著用那個心法來想事情。

成功是一門需要學習的技能。假想那些成功者都是上天安排給你的導師，永不吝惜投資自己，讓自己成為永遠的勝利組。

♕ 創造價值，才能發光發熱

透過學習，透過觀摩，我們可以比一般人更早進入成功領域。有句話說：「有兩種選擇可以讓你學到教訓，一種是透過跌倒，一種是透過老師，你要選擇哪一種？」

當然，可以有明師分享時，要懂得好好把握。

人生，不是得到，就是學到，
不要害怕嘗試，不要害怕失敗。

因為勤學，一個人可能很年輕就可以賺到比同年紀的人更多的財富。

以成功的境界來說，年紀不是問題，心態才是問題。我們看世界首富們，臉書創辦人祖克柏二十幾歲就身價超過百億，到2017 年為止，他也才三十出頭。同樣的，比爾蓋茲也他二十幾歲時就創立了微軟。

成功與年紀無關，而與心態有關。

成功的人對於自己的每分每秒都很珍惜，

就算追求的路上碰到挫折失敗，

曾經經歷，獲得了教訓，就不算白費。

　　我 24 歲大學剛畢業沒多久，就已經有投資公司願意送我一家公司，但當時我卻沒立刻同意。俗話說：「太容易得到的不會珍惜。」當年的我，已經身經百戰，在活動公關領域以及業務領域累積許多經驗，即便如此，我仍然覺得自己需要更多的磨練，所以我後來又經過幾個月時間，一方面對原有的工作交接，一方面也透過實戰，讓自己更夠格擔任一家公司的總經理。

　　讀者們，試想，今天如果上天突然送你一家公司，要你當老闆。你有辦法承接嗎？

　　命理界有句名言：「德不配位，必有災殃。」

　　最常見的例子，根據統計，有七成以上的樂透彩得主得到巨富後，在極短的時間內就耗盡家產，到頭來，下場反倒比沒得獎前更淒涼。

　　因為對一個沒有理財觀念、沒有人生藍圖的人來說，天上降下來的富貴，只會帶來身心靈的腐敗，變得奢侈荒唐。一個人一旦奢侈慣了，後來又跌回平凡，那是絕對無法承受的。

　　企業界也盛傳一個很諷刺的定理，叫作「彼得定理」，其內容為：「在一個層級制度中，每一個人總趨向晉陞到他所不能勝任的職位。」例如原本身為業務專員，是個能征善戰的業務戰

將，然而一旦當他被提升為業務主管，卻常常變成一個最糟糕的主管，不但無法領導團隊，最後連自己的業績也大幅滑落。

所以，今天送你一家公司，你「承接」得起嗎？

或者只是要將你的職位提升到擔任所有同仁的主管，如果明天就要布達，你可以勝任那個職位嗎？

講白一點，如同那句老話：「機會是留給準備好的人。」那麼，你是那個準備好的人嗎？

也因此，許多企業家在他們身體仍然硬朗時，就會開始培訓自己的兒子，培訓之法往往要他們從基層幹起。如果可能，最好是不要透露兒子的身分，讓他像個正常上班族一般從頭歷練。甚至乾脆要兒子先自力更生，去社會歷練幾年再回家。否則，一個養尊處優的公子哥兒們，一旦突然接任公司的總裁，往往就是這家企業悲劇的開始。所謂「富不過三代」，甚至有的第二代就讓大企業分崩離析。

所以「德要配位」，這也是我鼓勵年輕人，不要成天只想著一步登天，也不要求職投履歷時，只想找什麼「錢多、事少、離家近」的輕鬆工作。

能力的培養還在其次，若大志被消磨了，就會是終身遺憾。年輕人們，讓自己保持在隨時可以勝任高位的狀態吧！

這包含幾個層面：能力要夠強、經驗要充分、格局要高遠、品格要服人，簡單講，就是你一定要成為一個有「價值」的人。

年輕的時候，許多人以為價值就是自己很行，念書念到博士，覺得很了不起；從國外留學回來就眼高手低，滿口洋腔跟老闆要高年薪。

真正的價值不是指你本身有多少身價，

而是你能為別人創造多少價值。

18歲，我開早餐店，從日入五百元到門庭若市，我和店面都上了媒體。其原因不在於我本身廚藝有多強，而在於對客戶而言，我為他們創造了價值。

有人問，開早餐有什麼價值好創造，早餐店的價值不就是提供早點，讓學生和上班族早上可以填飽肚子嗎？這是一般人的思維，如果只靠一般的思維，是無法打造新價值的。

我的早餐店會闖出名氣，在於我提供了比「填飽肚子」更大的價值，包含帶來一天開始的愉悅感，以及別家早餐店體會不到的「尊榮感」，乃至於他們就算排隊，也要來這家店消費。

同理，我們會發現，在日常生活中，為什麼某個人比另一個人更受歡迎？為什麼老闆要升某個人當主管？為什麼某個人可以把他的工作做得有聲有色？仔細觀察，一定都是因為你有創造價值。

去應徵工作時，不要只顧自吹自擂，說實話，你學歷多高、能力多強，是你「自個兒」的事，老闆們關心的，是你如何可以

「幫他們」。

　　一盞外表精美、雕工精緻的燈，卻不能發光，那這樣的燈有價值嗎？還不如一支可以立刻發光的手電筒來得實用。

　　從今天起，讓自己成為「有價值」的人，不但自己有能力承接更大的任務，更重要的是，當你承接新任務後，有能力創造新價值。

　　這樣子，那句「機會總留給準備好的人」，就是為你準備的。

♛ 好的人才，從做好每個「當下」開始

前面講了幾個脫穎而出的重要觀念。

現在，讓我們來談談如何具體落實在生活中。

做一件事的態度＝做所有事情的態度

大成功是由許多小成功所累積，

從現在的你，就可以看到將來的你。

　　此時此刻，正在閱讀這本書的你，是處在什麼身分呢？是在某家公司上班，卻總覺得龍困淺灘，想要尋覓一個更好的舞臺？還是一路走來都茫然迷惘，現在的工作只是你為了生計的一個踏腳處？你對現在的工作是充滿抱怨呢？還是如魚得水？亦或者你根本沒想過這個問題，只是過一天是一天？

除非你懂得改變，

否則錯誤的模式嘗試一百遍，

結果仍是錯的。

我總是跟朋友們說，無論你現在處在什麼位置，做人的最基本職責，就是做好本分工作，不要做一行怨一行。我深信，一個人只要做好本分工作，時間到了自然就會有更好的機會來找你，成功是一步一步累積來的。

但請注意，我並不是鼓勵大家安於現狀，或者自我感覺良好，不思成長。相反的，我鼓勵大家，每天都過得充實，一有好的機會也要懂得把握，但千萬不要抱著「機會還沒有來，所以我只是暫時混日子」的心態。

你現在想要混日子，那麼就算機會來臨，你抱著混日子的心態，終究也會錯失機會。

混日子的心態，既對不起自己，更對不起你所服務的公司。

我 24 歲就被投資公司相中，邀我去當一家活動公關公司負責人，但我是坐在家中，人家就突然打電話要我接任職位嗎？當然不是。

我會受邀去管理一家公關公司，因為我過往的創業經歷打動人，因為我累積了足夠的活動公關資源，也因為我的品德受到肯定。

再往前推。我為什麼能夠累積足夠的公關公司資源？那是因為我過往在擔任電臺廣告ＡＥ時勤跑業務，用心的一家家拜訪客戶。我的業務能力也受到客戶肯定、老闆的讚揚，形成我在商場上足夠的信譽。

再往前推。我為什麼能夠讓自己業務能力受到肯定？我是第一天就會做業務的嗎？當然不是。我從高中時就已經在街頭上做陌生開發，靠著誠心誠意，讓自己的業績成為全公司第一名。

此外，我過往的經歷為何可以被投資公司看見？因為我經常上電視。我為何常上電視？那是因為我的工作成績足以受到媒體注目。我當年創業開早餐店，打造的北投傳奇，也都是一點一滴全靠實力，完全不是僥倖得來。

表面上，我看似天之驕子，得到別人夢寐以求的機會，實際上，每件事我都是憑實力經驗換來的。

所以我誠心跟各位讀者分享，要追求「未來」成功人生之前，也不要忘了扮演好「現在」的角色。如果你連這一刻的自己都做不好，只癡心妄想著未來，那無異是「賣牛奶的女孩」現代翻版。

如何扮演好現在的角色呢？

我相信，你只要做好以下三點，那麼，即便你現在覺得龍困淺灘，那也只是暫時的，好的人才，絕不會被埋沒。

這三件事是：是堅持做對的事、幫別人創造價值及比別人重視細節。

◆ 堅持做對的事

　　什麼叫「對」？也許不好定義。但有一個世界共通的定義，你一定可以適用，那就是當你做這件事時，沒有罪惡感，這就是「對」的最低標準。當然，一個人能為自己的事情訂下越高的標準，那麼你不但在工作上的表現絕不會被埋沒，你也會因為標準訂的嚴，磨練出自己更精湛的能力。

　　你可以反省自己。

　　假如你上班偷雞摸魚，心想反正努力工作跟打混摸魚月底領的薪水都是一樣。那麼，你會不會良心不安？我相信不用泛道德化，只要用一般標準來看，當你打混時，你一定會良心不安。

　　當你用次等的品質，卻想拿正常的報酬，你會心安嗎？好比說，你和客戶推銷產品，但貨既售出，你就再也不理這個客戶，這樣好嗎？或者，老闆每月付你符合業界標準的薪水，但你卻做不出夠格的業績，即便老闆不說話，你自己這關過得去嗎？

　　以上這些，就是基本「對」的標準。只要你自問不能符合，那你就不是在做「對」的事。

　　人不「對」，心就「虛」。

　　心一虛，正能量就離你而去。

　　所以當我演講和青年人分享時，我總是強調，品格比能力重要。因為能力可以培養，品格卻是靠自我反省。

　　一個人是否可以讓事業持續並且變得更加繁榮，關鍵就在於品格。以職場人來說，就是基本的道德操守，有一天你創業了，那品格就是指你的信譽商譽。推而廣之，維持職場的基本操守，這只是「最基本」的要求。

　　一個真正可以做「對」事情的人，還要經得起考驗。例如，當老闆在的時候，大家都努力工作，如果老闆不在辦公室，會不會「家中無大人，狐猻亂亂搞」？

　　如果有件事必須加班來完成，越早完成客戶可以越早解脫不便。那你是會今晚衝刺把任務完成，還是管他的，明天再說？

　　一個在眾目睽睽下表現良好的人，只是正常人。只有當獨處一室或面對強大誘惑也不改認真負責態度的人，才是真正品格高尚的人。

◆ 幫別人創造價值

　　前面我們曾介紹過，所謂價值，不是單指自己能力多強、多有身價，而是指自己能為別人創造價值。這裡要再補充，創造價值的基本思維：

1. 能站在別人的角度想事情

　　當年我的早餐店為何可以爆紅？不是因為我多會煮早餐，而是因為我懂得站在客人的角度想事情。包括後來做業務業績第一名，我的成績也不是靠強迫推銷而來，同樣的，也是因為願意

站在客戶角度想事情。而當我這樣做的時候，客戶也會感覺到，我是真的有在為他們著想。

2. 讓自己做的事，超越自己的工作

我不論在任何崗位，對自己的工作總有個基本想法。我認為「把事情做對」，是任何職場人基本應該做的事，如果你不能把事情做好，那老闆為何要聘請你？

在工作實務上，我總是讓自己做得比應該做的要多一點。例如客人買東西，一手交錢一手交貨這只是基本的商業流程，但我就是要多做到，提供客人親切的讚美，以及貼心的叮嚀。

那「多出來」的部分，往往就是一種額外的價值。

3. 以分享的角度去關心別人

現代的服務業，待客親和有禮、面帶微笑，已經變成第一線服務人員的標準流程。然而，一個人是客套性的寒暄，還是真心的交流？是行禮如儀的假笑，還是發自內心的親切笑臉？相信不只我看得出來，你自己也一定可以體會。

有沒有自己去商場上買東西，覺得服務人員笑得「很假」的經驗？如果有，你希望自己在別人眼中也是這樣的人嗎？如果不希望，就學著發自內心去關懷別人。

4. 總是比正常步驟多想一些

創造價值的實際應用，有時候不在於你多做些什麼，而是多思考些什麼。

當別的麵攤給的麵分量一定，你的麵攤就是比別人多放一坨麵，這算是「增加一點」，但這不算是比正常步驟多一點，因為這還是在舊有的模式格局範圍內。

當然你多做，還是會獲得好的回應。好比說，你晚上總比別人晚一點下班、碰到長官打招呼時總是比別人腰彎得更低，這有助於別人對你的好印象，但不是真正有創意的「多一點」。

所謂多一點，例如今天老闆委託你一個任務，你除了圓滿達成這個任務外，還主動幫老闆提供市場調查分析，讓他有額外的收穫；今天你開麵店，除了提供料多味美的麵外，還能因應不同客戶的需求，推出獨家的醬料組合，並配上貼心的叮嚀，教導客戶如何使用這些醬料。那麼，這就能夠為客戶創造更多的價值。

◆ 比別人重視細節

什麼叫細節？雞蛋裡挑骨頭，這叫吹毛求疵，不叫重視細節。真正重視細節，其實就是「用心」的意思。

一個人有沒有用心，其實自己最知道。畢竟大家沒有第三隻眼，無法真正分辨一個人是不是在做表面工夫。但久而久之，總是用心做事的人，一定會被看見。

用心主要分成兩部分：

1. 專心

古時候一個郡王，邀請射箭名家來教導孩子射箭。當學徒們已經訓練好所有握箭基本姿勢，以及如何瞄準、如何拉弓等技能後，教練表示，單單這樣不代表可以把箭射好。

郡王就問，那怎樣才能保證把箭射好呢？於是教練親自示範，他問面前三個學徒。

首先問甲，你現在看到了什麼？甲說：「我看到射箭場，還有在場的所有人。」

教練說：「你還沒準備好。」

接著問乙，你現在看見什麼？乙說：「我看見箭靶，還有教練您的目光。」

教練還是說：「你尚未準備好。」

最後問丙，你現在看見了什麼？丙說：「我只看見箭靶靶心。」

教練說：「這就對了，盡全力射吧！」

果然，丙的箭一箭中的。

這就是專心的力量。當你從事你現在的工作，你有多投入呢？是應付交差了事，還是「全心全意」投入那件事呢？

你的專心程度，影響你的表現程度。

2. 細心

現代人經常聽到的一句話：「魔鬼藏在細節裡。」這句話

的意思是，所有的小事都可能是「最大的小事」。

太空梭升空，過程有數十萬個環節，但只要有一根釘子出問題，就可能發射失敗。一家餐廳，裝潢美麗、員工也都經過最佳的禮儀訓練、菜色美味沒話說、價格也合理公道，但最終只因餐廳座位設計不良，後來有孩子受傷了，上了媒體版面，該餐廳其他的努力都被打了折扣，從此烙上負面的形象。

其實，每個出錯的小小環節，在最初的時候，只要參與的人肯多用點心就好。主管人員願意不厭其煩，每天多檢查一次流程；第一線人員願意多用點心，發現現場問題。只要有人「多做一點」，結局就可能大大不同。

「小心駛得萬年船」，一個工作細心的人，本身職場能力也會大大提升。

不論我們現在處在哪個職場，扮演怎樣的角色，總是秉持著誠心、用心做事，最佳的境界，還能用「愛」來分享。當你能改變心境，就能為自己也為客戶創造更大的價值。

那麼下一個脫穎而出的人，肯定就是你！

成功挑戰自我的練習題

【練習1】

親愛的朋友，喜歡你現在的工作嗎？或者你覺得目前表現得很不錯，但仍想要追求更高境界。無論如何，如果想更上一層樓，你是否做對以下三件事？

1. 你是否堅持做對的事？
2. 對你來說，你希望對社會的貢獻是什麼？
3. 當作什麼事時，你能夠理直氣壯，能量滿滿充滿活力？

【練習2】

你是否幫別人創造價值？你過往是否幫家人朋友，幫公司，以及幫客戶創造價值？你怎樣凸顯你的價值？

【練習3】

你是否比別人更重視細節？在現有的工作崗位上，你可以怎樣做得更好？你有用心，讓自己的服務帶給客戶更多的滿意嗎？

｜第十一章｜
打造你的心靈財富機制

記得我們說過的，只要做到堅持做對的事、幫別人創造價值、比別人重視細節這三件事，好的人才就不會被埋沒。

現在，把這三個特質用在你的事業上，並且再加上一個新的特質——做到差異化。

那麼，你的事業，不論是開店、開公司，或者個人工作者形式的事業（包括每月業績由自己負責的各種業務性質工作），就可以日有精進。

接下來，我們要分享兩個很重要的觀念：

第一、如何打造你的財富事業體系；

第二、如何讓你的事業更成功。

♛ 找到對的模式，幫助你賺大錢

選擇比努力重要，這是我們不斷強調的一件事。選擇面對挑戰、選擇正面積極的人生很重要，而就創造財富來說，選擇對的獲利模式也非常重要。

一個人，幹不過一個團隊；

一個團隊，幹不過一個系統；

一個系統，幹不過一個趨勢。

由於每個人一天都只有二十四小時，所以選擇對的工作模式很重要。我們都可以清楚看見，同樣是努力工作，一個餐廳服務生就算再怎麼盡責努力，一個月的薪水就只有那麼多；相對的，一個保險業務員只要每天努力跑客戶，那他一個月的收入，有可能是前者的好幾倍。

工作的類型及行業有幾千幾萬種，但賺錢的模式簡單來分，只有五種：

1. 靠勞力，以時薪或固定工資賺錢；

2. 靠能力，以成果表現及經驗實力來賺錢；

3. 靠團隊，以整體戰力分工合作賺錢；

4. 靠系統，以被動性的機制日夜為你賺錢；

5. 靠體系，創造趨勢讓許多系統聯合為你賺錢。

◆ 靠勞力賺錢

別以為勞力是指在工地做工的建築工人，或者辛勤耕作的農夫。在此，勞力的定義是指，只要你靠「一己之力」，並且「出賣時間」賺取有限的金錢，都是勞力賺錢。

上班族每個月領固定薪水，頂多可能有或多或少的津貼或

176

獎金，這就是典型的勞力賺錢式工作。其他包含工廠作業員、軍公教人員、餐廳服務生、加油站打工甚至家教等等，只要出賣自己的時間，換取一定的金錢，就是勞力賺錢。靠勞力賺錢是所有賺錢模式中最沒效率的。

1. 以時間為收入評斷基準，缺少公平性

如同大家都知道的，以上班族來說，工作時間打混跟認真打拚的人，月底還是照領一樣的薪水。

2. 缺少成長願景

這裡不是批評上班族不好，針對想要賺大錢、成為千萬富翁的人來說，勞力模式不是最有效率的模式。一般中小企業上班族，升到最頂就是業務經理，月薪八、九萬到十幾萬不等，除非入股公司，否則薪水就是這樣。

以軍公教人員來說，最高職位就是總統，然而總統的薪水也才四十幾萬，有太多業務員的月收入可以輕易超越這個數字。所以純以賺大錢為主旨來說，領薪的工作模式不會是好的模式。

3. 時間被綁住

這是勞力計薪工作者最大的缺點。只要簽下勞務契約（包含政府官員宣誓就職），從那一刻起的時間及收入就被綁住，要想多賺點錢，只有下班時候兼差（也就是冒著爆肝及被雇主抓到

的危險）。

　　這世界上什麼資源最珍貴？最珍貴的就是時間。偏偏上班族就是把最珍貴的時間賣出去，換取有限的金錢，這是最沒有效率的。

◆ 靠能力賺錢

　　人人都是靠能力賺錢，這裡指的是「能力越強，收入越多，而且沒有上限」，只要符合這個定義，就是靠能力賺錢。

　　上班族能力越強，收入會越多嗎？會的，能力強會升官，薪水就會變多。但這收入只增加到你被提升的職位為止，所以這不是靠能力賺錢。

　　靠能力賺錢可以分成幾類，每一類都有極限，但共通的特色就是收入依照「工作努力程度，會呈現不同狀態」。

1. 最基層的能力工作者

　　包括在夜市賣紅豆餅、開一家小店（但不算公司）、承接專案打零工（以案子計費，非以時薪計費）……等。

　　紅豆餅賣得越多，賺得越多，也有因為攤位爆紅而收入更多的。典型的例子，我自己 18 歲開早餐店，收入後來做到日營收破一萬，年收入破百萬。

　　但多半的情形下，這類工作者收入有限，說穿了，仍是出賣時間賺錢，在資源有限（只有一家店、只有幾畝田或是只有有限

的打工市場）的情況下，收入可能不如上班族，甚至工時更長，而報酬卻偏低。

2. 專業技能工作者

包括律師（不是在律師事務所上班）、獨立會計師、作家、個人設計工作室、專業顧問、講師、魔術師……等靠專業技能賺錢的，都屬於專業技能工作者。

他們的工作收入有不斷提升的空間，以講師來說，當還是通告有限的小小講師時，收入可能僅供餬口。然而一旦成為名師，甚至成為世界級講師，那就可以成為億萬富翁。可以說，高低落差很大。

各行各業都有頂尖者以及平凡者，專業技能月收入從一萬到億萬都有可能，這是個只要有實力就可以創造高收入的類型。但以現實的角度來看，畢竟極成功者有限，收入比一般上班族稍高者還是占大多數。

3. 業務工作者

這是市面上所有的賺錢理財類書籍一致推崇的工作模式。靠著能力以及不斷提升業績，就可以帶來更高的收入。其中最知名的三大業務行業就是保險業、多層次傳銷業以及房仲業。除此之外，任何不靠薪水（或只有少底薪），每月收入全靠業務銷售的工作，都屬此類，這也是創造最多富翁的行業。

其實廣泛來說，業務工作做到後來，其實就變成是自己的事業。或者反過來說，任何做事業的人，包括開公司或者建立自己的事業體系，都一定有業務的成分，可以說業務能力是致富的最重要關鍵。

然而每十個能夠賺大錢的業務高手，後面可能有九十個業務失敗的人。業務這行可以很成功，但鍛羽而歸的人比例更大。

◆ 靠團隊賺錢

前述不論是勞力工作者或能力工作者，都是靠「一己之力」賺錢。但人的時間有限，就算是一個超級業務員或者超級講師，他再怎麼打拚甚至一天只睡四個小時，可以工作的時間也就那麼多。唯一的致富方法，就是讓單位時間報酬變大。

以講師為例，普通講師一小時車馬費 1600 元，但國際級講師一小時就可能是十萬元，但無論如何，「計時」工作並不是最好的獲利模式。

同樣的工作，若能改變模式，收入就會大大不同。繼續以講師為例，當以「計時」模式來算，就是聘請你來，一個小時給多少錢的觀念，這樣的收入可以清楚計算出來，反正講多久就拿多少，錢不可能再增加。

但現在假如換成「事業」模式，好比說，講師本身經營一家公司，舉辦活動，那就是一種事業。向每個來聽演講的人收費，只要來聽的人越多，他賺的錢就越多，包括銷售周邊商品，

以及其他收入（如會場刊登廣告費）等等。你會發現，將工作由個人改變成事業模式，就是收入暴增的開始。

靠團隊工作，可以簡單分成三大類：

1. 建立公司

也就是自己開公司當老闆，公司越大收入越多。好比說郭台銘先生，全球有數十萬人幫他工作，他會成為臺灣首富也就不足為奇了。

但如同大家知道的，臺灣絕大部分都是中小企業，我們翻開報紙看到那些營收幾十億、幾百億的大公司，只占全部企業的少部分。大部分的公司老闆頂多只是小康，要成大富，仍需靠更強的事業經營。

2. 建立組織

組織，不一定要是公司。最典型的就是傳直銷，保險業及房仲業也有這種模式，只要有「一群人」共同來做事，讓你的收入不是單靠「一己之力」，那就屬於建立組織。

請注意，組織要能帶來收入才叫組織，否則只能算是合作團隊。組織賺錢的特性是，你的努力可以帶來收入，但你組織其他人的收入，你也可以分成，這才是比一個人賺錢更快的方式。

3. 建立虛擬團隊

許多的設計工作室負責人（都是一人公司），以不同專業結合成一個虛擬團隊，例如結合文字工作者、編輯等等，變成一個強大的勢力可以承接許多專案。

你可以靠自己的實力加上人脈引薦賺錢，此外，透過你的關係帶給其他合作夥伴收入，你可以有一定的抽成，這也算是一種「非一己之力」賺錢。只不過這類的賺錢模式有限，仍遠遠比不上建立公司以及建立組織的賺錢模式。

◆ 靠系統賺錢

現在，我們進入高端的賺錢及理財模式了，到了高端模式，賺錢這件事通常也和金錢投資理財有密切結合。因為所謂系統，就是「就算休息不工作，也可以讓收入源源不斷」，相信這也是大部分讀者追求的境界。

所謂系統賺錢，顧名思義，你一定要建立一個系統。典型的靠系統賺錢，包括以下三種模式：

1. 靠投資系統賺錢

「人兩隻腳，錢有無數的腳。」所以錢滾錢賺得最快。以系統的角度來看，如果我們買賣股票、基金、房地產，甚至只是簡單的定存等等，那都只是理財。畢竟投資有賺有賠，存銀行可能碰到零利率沒賺頭，這些都不屬於系統。

所謂系統，是一套機制有既定遊戲規則，並且「可以保證獲利」。例如買屋、賣屋這只是投資（或投機），但你建立一個租賃體系，當個包租公，每月有「確定收入」，這就是系統賺錢。但這種賺錢方式只能算額外收入，不能以錢滾錢。

要做到以錢滾錢，可能要透過理財型保單或者專業的理財套裝專案等等，有人以此做為事業，但基本上以錢滾錢的系統需要組建交給專家執行，算是理財模式，但不算事業模式。

2. 靠智慧系統賺錢

智慧只存在腦海裡，要讓智慧變成錢，就是「商品化」。但若只是商品化也只能賺取有限的錢，所以還要進一步系統化。

包括專利財產權、出版、音樂、設計授權等等，只要你創造出一個東西，可以變成系統化，好比說《航海王》，若只是單行本漫畫書，那就是賣那本書的錢，但若變成系統化，那就會幫你帶來源源不絕的龐大收益。

迪士尼、Hello Kitty 及哈利波特，是大家耳熟能詳靠智慧系統賺錢的例子。更貼近生活的例子則是微軟及臉書，這兩者甚至已經超越系統，變成靠體系賺錢了。

3. 靠人力系統賺錢

不是每個人都可以像 J.K. 羅琳一樣，能寫出風靡全球的《哈利波特》，也不是每個人都可以畫出《航海王》，因此對我們大

部分讀者來說，最佳的系統賺錢法，就是人力系統賺錢。

簡單講，就是加入一個好的系統。最典型的例子就是傳直銷產業，雖然有許多人在這一行做得不好，但在這個系統，只要你夠努力，等達到一定的位階，就可以幫你帶來源源不絕的收入。

一般人只想賺大錢，卻不肯付出前期的努力，這樣又如何能夠賺大錢呢？畢竟就算全世界最有名的電腦系統微軟，在創業初期也是經歷過刻苦階段。想不勞而獲直接進入系統得到報酬，那只是緣木求魚。

但一個好的系統的最大好處，就是減少你前期奮鬥的時間，讓你更快完成致富的夢想。當然，不是所有號稱系統的模式都一定是好的模式，加入前仍要慎選。

◆ 靠體系賺錢

當你建立了一個系統，每天就算睡覺也會有錢進來，那已經是很高的致富境界了。但靠系統賺錢仍不是最高境界，要成為體系才是最高境界。

體系，不只包含一個系統，而是許多的系統。舉個最切身的例子，微軟不只創造一套商品，微軟已經改變了我們的生活。許多系統都是依附在微軟底下生存，文明的現代人幾乎無時無刻都要和這些系統連結。

靠系統賺錢已經很好了，靠體系賺錢更是立於不敗之地。一個系統，「幾乎」可以不用讓你花太多時間就可以有錢進來。

但為什麼說幾乎，因為你還是要付出一定的心力。

好比說，一個人組織業務系統做到很好的成績，於是他休息個一年半載去遊山玩水。有一天回到公司，發現他的系統已經分崩離析，不成系統了，他必須重頭再來。因為透過系統雖然賺錢輕鬆，但系統必須經營。你不經營，系統終究會停滯然後崩潰。

就像知名的漫畫人物，你以為只要放著不管，就會一年、兩年、十年都繼續帶給你財富嗎？流行是有期限的，每個火紅的背後，都要有持續的行銷，靠著電影、演講、廣宣不斷提醒。如果只將漫畫人物丟入市場後更再也不管它，再紅的漫畫人物也會式微。就算沒有消滅，收入也會大大減少。

但所謂體系就不同了。一個好的體系，不是說你就可以完成後丟著不管，但至少你可以花費比較少的精力，就能得到持續源源不斷的報酬。

好比說世界首富比爾蓋茲每天忙著做慈善公益，事業部分只要交給經理人管理就好。因為微軟已經深入世界，融入大家的生活裡，不會因為比爾蓋茲不努力推廣就式微。

一個好的體系，有以下種類：

1. 不只是系統，而是個平臺

以臉書來說，作為社群網站，它不跟臉書會員收費，臉書只是個不錯的系統。但做為平臺，它讓許多廠商可以透過這個平臺和數億人連結，這就非常有價值了。

如果只是個網站系統，並不會賺大錢，然而一旦變成了平臺，就可以長長久久，持續獲利。

2. 不只是單一體系，而是系統與系統結合成系統群聚

從某個角度來看，這也是平臺的概念。當一個系統和其他系統一起共同繁衍，系統與系統間緊密結合，把帶來的人流串聯在系統間，再也無法分離。

前面所說的微軟就是典型的例子，微軟系統已經與各式生活應用軟體結合，現代人除非不用電腦，否則一定會接觸到這些系統。

3. 以人為基礎的系統

當一個系統擁有很多的人，好比說傳直銷體系，那只是個基本系統。如同前面所述，假定系統的獲利者休息一年去旅行，或者生病無法維持系統了，那系統就會衰弱甚至消滅。

但如果這個系統結合了不同的人脈體系，包含組織體系，包含網路體系，那就可以形塑一個無敵的體系，而非單純的系統。

以上整理了各種致富模式，你一定要了解自己處在哪一種模式，也想清楚自己將來想要朝哪個模式努力，這樣才能站在正確的基礎上，朝成功邁進。

♛ 透過轉換模式，累積財富基礎

找到好的模式後，我們就可以做自己的生涯規畫。在以上模式中，我們可以歸納幾個特點：

1. 好的模式一定和收入複製有關

越能夠做到複製的工作，越能賺大錢。不過時薪勞力工作雖和複製有關，但卻不能增加你的收入。因為在這裡的複製定義，財富是屬於老闆的。

老闆透過組織，複製了一個職位的工作模式，就算你離職，只要透過複製，別人可輕易取代你的位置。而能力工作者也能複製，但執行的仍是你這個人。

透過複製，好比說一個設計師，他已經有基本的設計模組，這可以讓他承接下一個案子時速度更快。但說到底，再怎麼複製，他仍必須付出勞力，只是因為在單位時間內，透過複製接的案變多了，所以收入也會變多。

組織工作者，也就是老闆，擁有許多複製的職位可以幫他做事，老闆就可以賺很多錢。但不管老闆怎樣複製，還是比不上系統工作以及體系工作者，因為這兩者的核心精神，就是複製。

有了系統，就可以一個繁衍兩個，兩個繁衍三個。好比說我們看《航海王》漫畫，我看的內容跟你看的內容都一樣，我看的內容也和全世界數千萬的《航海王》迷看的內容一樣。作者只

創造一次內容，透過複製就可以源源不斷賺錢。

2. 越高等級的工作模式，也越能多工

以最低階的勞力工作者來說，今天他要去公司上班，他可以做其他的工作嗎？可以的，只是必須下班後熬夜，或者上班時間摸魚。這兩者都不是好的工作方法，一個帶來身體傷害，一個則是帶來強烈心虛。

但如果今天你是個老闆，你可以同時擁有兩家公司、三家公司，也可以同時透過系統（好比說擔任房東）賺取其他收入。

只是透過組織賺錢，時間應用也有限。例如一個老闆可以管三家公司，但他同時也會很吃力，只要稍微放鬆，公司營運可能就會出問題。

但到了最高階的體系賺錢那就完全不同了。一個人可以每天只撥兩個小時看看報表，其他時間安排休閒，仍不影響收入。甚至他可以投資很多公司，擔任幾家公司的半個老闆，增加收入，但他仍然生活輕鬆愜意，這種幸福境界是勞力工作模式遠遠無法比擬的。

3. 所有的工作，都必須付出心力

這裡要非常強調這一點。工作努力、工作用心，都是基本的要做的事，是成功的核心價值。本書絕不是鼓勵你直接跳過所有工作模式，就可以坐享其成直接選擇採用體系模式。

如果這麼簡單，那我們也不用介紹那麼多工作的基本理念，只要任何人加入一個體系就好了，實際上絕非如此。

不同模式工作與努力的最大差別在於：

無效率的工作模式，努力再多賺的錢也有限；

有效率的工作模式，努力越多，賺的錢是等比級數成長。

事業成功以及所有工作共通的要求，還是要做好基本的努力與付出。我自己的人生剛好經過不同模式的轉換，也因為有前一階段的工作模式做基礎，我才能讓新的工作做得更好。

18 歲的時候，我從事的是最典型的勞力工作模式，還是這個模式裡收入最少的類型。當時我只是個高中生，選擇很有限，這無可厚非。我最高時候一天做五份工作，但所得也只是可以夠我生活下去，致富？連邊都沾不上。

19 歲的時候，我開始做業務工作，業績還成為全公司第一名，那時候我做的，就是透過努力可以增加收入的「能力」模式。光一個暑假的收入，就夠我繳下一學年的學費。也從那時開始，我躍升到人生的新境界。在這樣的基礎上，也就是業務能力培養基礎上，我未來的工作都有實力去賺更多的錢。

20 歲的時候，我頂下早餐店，有了自己的事業。但這個事業太小了，仍只是屬於能力工作的範圍。我用努力讓自己人生得到第一桶金，也透過這樣的努力，讓自己這個品牌被人認識。但

是能力工作是有極限的，年收入百萬的代價，就是我得經常跑醫院吊點滴。

22 歲的時候，我先是從事業務工作，作為往下一個階段進階的基礎。之後因為能力得到賞識，後來真正擁有一家公司，這也是我人生從貧窮到小康的分水嶺。

擁有事業的我，可以用更少的時間賺更多的錢，我甚至行有餘力，一邊開公關公司，一邊還擁有一家塔羅牌店。加上投資理財的輔助，我的境界由百萬富翁變成千萬富翁。

28 至 30 歲出頭，婚後的我不只靠事業賺錢，而是靠系統賺錢。透過夫婿的網路行銷系統，我們建立一個很棒的平臺，累積了 22 萬的會員，透過這樣的基礎資源，我們做房地產銷售，非常的成功。我的境界，已從千萬富翁變成億萬富翁，可以說我當年的人生夢想已經達到。

35 歲的時候，我的人生又有了新的轉型。如同我曾經說過，系統賺錢已經可以用有限的時間帶來財富，但系統還是需要維護，也需要花一定的時間經營。

而且系統有一個最大的缺點，當我們一切依賴這個系統，如果有一天這個系統出問題了，那我們的收入基礎是不是一夕間就不見了？這種事也經常發生，好比說某個 APP 平臺，突然被駭客入侵整個掛掉，整個平臺就不能運作；好比說有的投資理財公司，號稱擁有最棒的制度與系統，但突然間負責人捲款潛逃，依賴這個系統的所有團隊就會血本無歸。所以單單有一個系統還

不是最有保障的。

35 歲我和夫婿結合了網路系統以及有制度的事業系統，真正創建一個無敵的體系，我們創造了九個月內團隊業績就達到一億的新紀錄。擁有好的體系，就會讓成績越來越好，財富越來越多。

寫到這裡，有讀者就會問我：「如果我現在是上班族，可以直接投入一個致富的系統嗎？」

只要你讓自己處在好的狀態，也就是如前一章所說的，你擁有高度的熱忱及良好的品格，那麼成功並沒有年紀限制。

記住！選擇比努力重要，你在很年輕的時候就作出正確的選擇，抓住自己的夢想，透過好的商業模式為自己帶來財富，那是很好的事。你只要懂得為人們創造價值，那麼，達到成功就會是自然而然發展的結果。事實上，我們也可以看見，世界上許多成就億萬企業的人，都是年輕人。

這裡要提醒讀者的是，千萬不要自我設限，認為自己無法太早擁有成功，你一定要明白：**選擇比努力重要，但努力還是一定要**。

若抱著挖到金礦就可以一輩子躺著賺的心態，既然一開始起心動念就不正確，那後面的成就一定會打折扣。

我鼓勵大家轉換到好的工作模式，卻也必須提醒在轉換工作模式時要調整心態。

有時候，心靈的成熟比賺錢的技術重要。

技術可以學，賺錢模組也容易取得。

但正確的心態，才是成功人生的根本。

所以我會強調的不是致富人生，而是心靈致富的人生。

要想打造致富機制，就先打造心靈致富機制。

♛ 把你的事業做到最成功

不論你是不是一開始就投入一個致富體系，或者選擇在原有的事業上發光發熱，我都鼓勵你，要做就把當下的事做到最好。

如同我前面也有說，當到達最高境界時，一個人可以同時透過體系賺錢，但也能擁有公司，前者幫你實現財富夢想，後者則可能是你的人生夢想。

例如一個人從小就喜歡布袋戲，那他可以一方面加入好的體系，讓自己成為千萬富翁，同時又創立自己的布袋戲公仔商品企業，銷售授權公仔，也舉辦系列演講、展覽。體系讓他賺大錢，布袋戲事業可能只帶來一點點利潤，但那種實現夢想的快樂，是無法取代的，而且更成為這整個系統的基石。

因此，我的建議是，如果你現在的事業做得還不錯，那可以持續拓展。同時也陸續撥一部分時間，了解好的體系賺錢模式，再思考這個事業能否建構成一個體系，又或者思考以兼職的形式參與其他的賺錢體系。

　　如果你現在還在打拚階段，但覺得目前的工作可以做得更好，那我也鼓勵你，先把現在的事業做到更高境界。之後再看是否轉換跑道，或者以兼差的形式參與體系賺錢都行。因為學習本身就是難得的經驗，如果現在的工作是個最好的人生歷練機會，那麼先不要輕易離開，讓自己多多磨練後再走。

　　如同當年在電臺做業務的我，也是選擇讓自己做到第一名才去接任公關公司老闆。

　　如果你覺得你本身實力還很差，根本沒有業務基礎，那我真心建議，業務能力是提升自己境界、人人都必須學習的能力。若業務能力不佳就直接跳入一個體系，那麼就算體系再好，你也難以據此拓展自己的事業。

　　我建議你繼續累積更多工作經驗，但不是叫你停留在難以有長進的勞力工作模式。你要試著挑戰自己舒適圈，勇敢去接觸和業務性質有關的工作，包括成為個人工作者，也是業務的一種形式。

　　當你真的準備好了，同樣的，你到時候可以選擇轉換跑道，或初期先以兼職的形式參與體系賺錢模式。

　　如果你只是不滿工作現狀，或者單純覺得工作無趣，想要離開，這樣的你缺少和核心的工作價值，若你不改變抱怨的習慣，不懂得用心對待你的工作，不懂得創造人生的價值，那我的建議是，先調整好自己的心態再來做選擇。

一個人知道自己不足，是可以調整精進的。最怕的就是不懂得自省，碰到什麼事都認為是別人的錯，這樣的心境，參加一個賺錢的體系，並不是一個好的選擇。

只有當一個人已經想清楚自己的未來，也總是對自己的工作負責任，這樣的人最適合加入一個好的體系模式。

因為這世界各種事的共通原理是一樣的，你可以在原本的職場領域做出成績，不管你是個好老師、績效良好的經理或手藝精湛的技師，只要把你原本做事負責用心的精神，轉移到獲利更有效率的工作模式，必能帶來人生更大的成功。

所以，在你準備好之前，讓我們先把手邊的事業做到好。

如果你是個為自己收入負責的業務，或者你擁有公司、店面等事業，那麼讓自己事業成功的四大基本事項：

1. 是堅持做對的事；

2. 幫別人創造價值；

3. 比別人重視細節；

4. 做到差異化。

當你是個普通的工作者，你在你的崗位上，堅持做對的事，懂得幫別人創造價值，並且在工作上注意細節，這些都有助於你讓工作做得更好。

至於差異化，當你是個上班族時，也需要做到差異化，但

畢竟你是隸屬於一個組織體系，組織有組織本身的產品及規範，差異化的特質在此不是重點。

然而當你擁有自己的事業，包括開公司、開店以及擔任獨當一面的業務，此時非常強調差異化。為什麼呢？因為既然你的收入不是固定的，沒有人擔保你的薪水，你的收入來源就是來自社會大眾。但社會大眾為什麼要付給你錢？你必須擁有讓人願意付你錢的價值，此時差異化就非常重要。

甲店面賣牛肉麵，但強調價格比較便宜；乙店面也賣牛肉麵，但強調店面裝潢好，服務人員親切。甲、乙店面都有「特色」，但這些都算不上差異化。因為價格高低本就是認知問題，店面裝潢及服務態度，原本就是服務業的基本事項，不算差異。

於是丙店面強調，本店推出紅配綠活動，選擇不同麵種搭配小菜，有不同的價位組合。丁店面則強調有自己的風格，整個裝潢成懷舊復古風。

丙店和丁店開始有一點點差異，但並不算很特別差異化，丙店做的只是行銷噱頭，丁店則展現一點氣氛創意，這些都不算真正高明的差異化。

真正的差異化，應該是「獨此一家別無分號」、「具備難以複製的特性」，同時這個差異突破了原本人們的想像經驗，帶來一種創新。

以此來說，甲店價格便宜、乙店服務好、丙店有噱頭、丁

店裝潢有奇趣，這些全都是可以被複製模仿的，所以都不是真正的創新。那什麼才是差異化呢？各個行業各憑本事自己發揮，好比說牛肉麵店可以是 100 年祖傳祕方，只此一家，別無分號。當年我的早餐店，最大差異化不是別的，就是我這個美麗又認真的年輕老闆。

所謂差異，不是自己喊爽的就好，要得到別人認可才行。為何有的牛肉麵可以大排長龍、座無虛席？為什麼臺灣早餐店成千上萬家，只有我的店被媒體報導？這些差異化的認可，都是靠實力做出的成績。

今天你不論是開店或者開公司，想讓自己的事業脫穎而出，除了做好為客人創造基本功、用心投入工作、堅持做對的事、擁有好的品格等基本功外，如何做好差異化，是你需要認真思考的課題。

成功挑戰自我的練習題

【練習 1 】

親愛的朋友，讓我們來檢視自己的賺錢模式。請問你現在是依照什麼模式賺錢？

1. 依靠勞力計算時間賺錢嗎？

   依照工作時數計算工資嗎？每月總工資大約是多少？每年含年終收入是多少？如果依此標準，你要工作幾年才能達到你的夢想？

   依照每月固定薪資賺錢嗎？每月薪資大約是多少？每年含年終收入是多少？如果依此標準，你要工作幾年才能達到你的夢想？

2. 依照專案收入賺錢嗎？

   如果你是專業人士，如律師、精算師、心理醫師等等？每月總報酬大約是多少？每年結算收入是多少？如果依此標準，你要工作幾年才能達到你的夢想？

   如果你是接案 SOHO，如設計師、講師、工程承包等等，每月總報酬大約是多少？每年結算收入是多少？如果依此標準，你要工作幾年才能達到你的夢想？

3. 你擁有自己的事業當老闆賺錢嗎？

   如果你是中小企業主，每月公司營收大約是多少？你的個人年收入是多少？如果依此標準，你要工作幾年才能達到你的夢想？

   如果你是小型營業主，如攤商、小店老闆等等，每月營收大約是多少？你的個人年收入是多少？如果依此標準，你要工作幾年才能達到你的夢想？

4. 你擁有自己的系統賺錢嗎？

   如果沒有，是否可以考慮創造自己的系統？當包租公、擁有自己創作、擁有自己專利發明……

   以上問題都是提供做為自己財務反思，最終，你要評量，你要追求的夢想，需要多少財富，你靠著現在的工作模式，要多久才能累積足夠實現夢想的收入。

｜第十二章｜
建置一個致富必勝模組

九個月之內打造一億元的機制，你想加入嗎？

你想不想要打造一個好的平臺，讓你人生無後顧之憂？

如果可能，你希望人生有更多時間陪伴家人以及遊山玩水，還是你必須忙忙忙，一直忙到你倒下去的那天？

為了保障你富裕幸福的未來人生，不論你現在的工作是上班族，還是在某個領域的專業人士，長遠來看，能夠建立一個終身為你帶來財富的系統，是很重要的。

你不一定要立刻將你的事業轉型成靠體系賺錢的模式，但你一定要建立一個正確觀念。之後不論你要加入既有的賺錢體系，或者自己創立一個都可以。

建立體系這件事很重要，不要以為年老距你很遠，時光匆匆易蹉跎，再回頭已百年身。為自己以及家人的未來著想，這件事越快越好。

♛ 日入萬元只是剛好達標而已

成功，不代表一定要以成為大富翁為目標。但金錢真的很

重要，不只因為沒有錢大部分的夢想都不能實現。而且很重要的一點，沒有錢，你甚至連生存都有困難。

臺灣已經步入老年化社會，很多問題已經一一浮現，包含勞健保破產危機、包含少子化帶來沒有足夠人手照顧老人等問題。

也許你現在還只是個年輕人，但做人一定要看得遠。想一想，什麼事一定會發生？什麼是你以為你擁有的，實際上卻不那麼有保障的？

你擁有工作嗎？你以為公司會養你一輩子嗎？就算你可以安全做到退休，你以為到時候的勞健保制度就可以保障你下半輩子嗎？

你擁有體力嗎？現在的你勇健如虎，一個人當兩個人用，日也拚、夜也拚。你信任你的身體，但你以為你的身體值得你信任到老嗎？有一天年老體衰，你無力工作了，那時候你的人生怎麼辦？

你擁有精明幹練的腦袋嗎？現在的你日理萬機，擁有專業可以承接很多專案。但你的腦袋不會退化嗎？到了中年，可能就已經記憶力大不如前，年老更是腦子不中用。如果你是個靠腦袋吃飯的人，請問到時候你還接得到專案養活自己嗎？若接不到，你生計怎麼辦？

你擁有信任的家人嗎？伴侶和你一樣都會逐漸年老，當你逐漸老去，他也一樣開始力不從心，年老時他頂多只能陪你，但可能沒錢照顧你。所以要依賴子孫嗎？老年化社會，你確定你的

未來可以依賴子孫嗎？如果他們連養自己都養得很辛苦了，怎能有餘力照顧你呢？

你擁有朋友嗎？或許你現在商場得意，朋友很多。但當有一天你逐漸衰老，事業也使不上力，那些朋友還會在嗎？就算他們還在，頂多年節送個禮，有人會照顧你後半輩子嗎？

以上說的都只是正常狀況。如果不幸還有突發狀況，例如突然生重病、事業突然遭遇無法挽回的危機，或碰到類似像地震之類的大災難，家園毀壞索賠無門，任何一個不幸，都讓你的人生產生龐大的金錢危機。若碰到這樣的事，你該怎麼辦？

不是我危言聳聽，人的一生往後發展，唯一百分百確認的一件事，就是你會年老，以及隨之而來的失去工作能力。其他你現有的財富、親情、健康、專業，都不保障會長期擁有。

在這樣的情況下，建立一個長期的財富機制，已經不是一個要不要的選項，而是非要不可的選項。你有一套機制可以照顧你的老年嗎？一般來說，這樣的機制分成幾大類：

1. 理財機制

透過年輕時的理財，例如買高額保單或正確投資房地產，那麼到老來仍會有足夠的資金養老。但你會碰到兩個問題：

投資的媒介是百分百可以信任的嗎？如果是投資失利，發生像雷曼兄弟事件那樣的金融崩盤，你投資的錢還拿得回來嗎？

就算投資管道沒問題，但根據計算，如果年老要有足夠的資金過生活，年輕時代要繳的保費是一筆很大的數字。上班族若把薪水都拿來繳保費，也頂多可以過著還可以的老年退休生活。但現代人連過日子都不容易了，也無法繳交大額的保單。

除了保單之外的任何投資，都有一定的風險。連儲蓄都有很風險，甚至銀行都已經來到負利率的時代了。

所以光靠理財機制，不一定可以保障老年的生活。

2. 事業機制

年輕時就創建一個成功的事業當然很好，靠著家族繁衍，以及事業獲利每年帶來的收益，就可以過很不錯的退休生活。這自然是一個很棒的機制，但試問，在臺灣創業成功率有多少呢？

如果要讓老年生活無虞，創建的事業也要有一定的規模，並且必須形成一個體系。假如你的事業只是小公司，那麼隨著老闆的老去，公司也會變得難以為繼。

如果你創立的是中型以上的公司，並且事業經營有成，我們要恭喜你。如果不是，你又有多大的把握，在你年老前可以白手起家創立一個機制健全，可以在你退休後繼續提供你源源不絕的收入？

3. 系統機制

最終可能最有保障也最可以做到的，還是加入一個系統機

制。以傳直銷事業來說，經營這樣的事業，的確沒年齡限制，就算七十歲的老太太，也有能力組織自己的團隊，打造自己的事業。如果在尚未退休前就已經建立了一條穩固的銷售團隊，那麼就真的無後顧之憂了。

不要說自己只要督導團隊就可以有收入，就算後來發生了年老不良於行或腦筋退化的情況，你的資源還可以轉給子孫，讓他們繼續經營，也繼續照顧你。

當然，一個好的系統不限一定要網絡銷售業務。好比說，你年輕時就創造了一個很棒、很紅的肖像，後來透過授權金就可以養你一生，其他包括歌曲創作、專利發明，也都是如此。

年輕的時候要有錢，年老的時候也要有錢，這樣一生才值得。我看到很多悲哀的現象，有的人年輕時拚命工作，很少過休閒享樂的日子，到老來有足夠的錢養老了，但身體卻變糟，整天跑醫院；或者子女不孝，只關心他的錢，卻不關心他的人。

反過來，年輕時天天享樂，追求及時行樂，到老來無依無靠，等而下之成為街頭遊民，奄奄一息撐過老年。

這兩種模式都不好，人為什麼不能從年輕到年老都有錢，生活可以無憂無慮呢？

根據統計，臺灣國民平均年收入為兩萬多美金，約新臺幣60萬元，但這所得算高嗎？暫且不管退休後有沒有收入，單論在青壯年時期可以自己養自己的時候，這樣的年收入夠用嗎？到

底以整個世界來看，正常的財富標準是什麼呢？

根據《富比士》雜誌的統計，世界上財富的標準是：

如果你的年收入低於臺幣 87 萬元（7 萬 / 月）以下，不好意思，這算是窮人；介於 87 萬至 350 萬（30 萬 / 月）間，只算是普通人；介於 350 萬至 3500 萬（約 300 萬 / 月），也只算是小康；只有到了 3500 萬至 3 億 5 千萬間，才能說自己屬於富人；當高於 3 億 5 千萬以上，就是典型的極富之人。

看看自己以及身邊認識的人，有多少人月收入達到 30 萬的？如果有這樣的人，每月 30 萬換算成日收入，就是每天 1 萬元。以全球標準來看，日入 1 萬算有錢人嗎？並不是，日入 1 萬只是「剛剛好」而已。

「日入萬元不是夢」，我們若先不要談太高遠的成為億萬富翁，也不談千萬富翁，那我們至少應該追求自己的收入達到全球中線標準吧！

這樣的要求會很過分嗎？還是臺灣人只能擁有貧窮人的生活品質呢？我想當然不是！在大陸七年的時間，看到中國大陸的同胞積極向上急起直追，全民創業、萬眾創新，各種經濟活動與創新蓬勃發展，因此我對臺灣更有要扶持向上的責任。

簡單的說，日入萬元臺幣只是脫貧，日入萬元人民幣才是達到小康。

就讓我們建立一個目標，從現在開始就讓自己逐步變有錢，到了退休時候，就算不工作也能夠天天繼續有錢。

只要有正確的系統，這樣的目標不是夢。

♕ 為自己打造一個持續收入的計畫

為了要讓自己從現在到年老都能有充裕的金錢，也為了更早日實現你的夢想，建立一個持續收入的系統是必要的。

要知道，全世界的富人都在做兩件事情：

1. 建立系統；
2. 尋找頂尖人才，以建立更大更棒的系統幫他們賺錢。

富人都懂得借用他人的時間和金錢創造財富，沒有一個人能靠單打獨鬥致富的。如同前面所說的，你是決定活到老工作到老，還是有累積持續的收入計畫？

當我們年輕時努力工作，年老時要靠公司養老，靠公司照顧我們一輩子，這樣的事在這個時代已經是癡人說夢。老闆只能提供我們薪水，讓我們在公司學習、積累經驗，不可能有致富的機會，機會只能靠自己尋找。

財富不是用生命來換取，應該是運用系統，讓財富源源不絕的出現，學著用工具賺錢，而不是耗盡自己的生命來養家。

凡是不可持續的，就不值得羨慕。

賺多少錢不重要，能賺多久才是最重要的。

做一次生意，領一次報酬還是領 N 次，你選擇哪一種？

當時我們就透過善用好的系統，在很短的時間先是累積了 22 萬會員，後來又透過這樣的會員基礎做房地產銷售。

2016 年我們轉戰全球跨境電商，在全球銷售健康食品，也是結合這樣的系統，加上公司原本就具有的優良制度，這讓我們擁有好的商品、好的制度及好的系統，因此破紀錄的在極短時間內，營收破億，也為超過五千個人達成日入萬元的基本目標。

什麼是好的系統呢？

下頁的圖是一個基本的「心靈財富成功機制圖」。

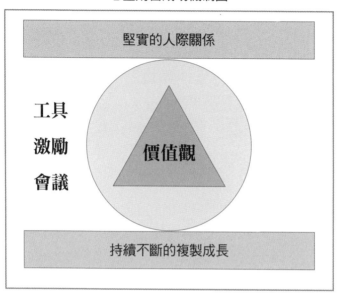

心靈財富成功機制圖

堅實的人際關係

工具

激勵

會議

價值觀

持續不斷的複製成長

假想有一棵大樹，名字叫夢想。

大樹必須植基於豐實的土壤上，這個土壤必須可以提供源源不絕的養分，否則大樹的成長必然有限。同時大樹必須擁有寬廣的天空，否則無法得到發展。

此外，大樹本身也必須有好的本質，如果本質不對，那就算有好的土壤及寬廣的天空，那也只能長出一個邪惡的大樹。

再來，如同大樹的成長，需要空氣、陽光與水。

接著我們來對照心靈致富機制。

◆ 大樹的本質＝價值觀

如同我們在本書經常強調的，心想事成。如果你心中很想要成功，就會建立成功的價值觀；你心中老想著「如果失敗怎麼辦？」那建立的就會是失敗的價值觀。

如果你的價值觀是棵樹，你希望是什麼樹？是風吹即倒的脆弱小樹，還是千年不倒的神木巨檜？要想養成一個遠大的夢想，創造巨大的財富，就要先讓你擁有一個堅定、正直的價值觀。這個價值觀必須遠大，也必須以好的品格做基礎。這個價值觀是你每天睡覺行來無時無刻不在追尋的目標，少了這個價值觀，一個人就會像行屍走肉一般。

◆ 大樹的土壤＝好的制度、好的模式

當你的價值植基於好的制度上，就可以得到快速成長。

這個機制就是一個堅實並且可以帶來源源不絕滋養的土壤。透過這個土壤基石，每月都能獲得不錯的財富。

◆ 大樹的天空＝發展的市場

市場是什麼呢？對於做事業來說，人脈就是市場。

以天空來比喻，如果一棵樹有好的養分，逐漸茁壯，結果卻被種在有屋頂的溫室，那這棵樹再怎樣成長，頂多也只能長到被屋頂卡住的地方。

如果一個機制，不能搭配豐沛的人際關係，那就無法開枝

散葉，人際關係就是事業成長發展的天空。

◆ 大樹的陽光、空氣與水＝工具、激勵、會議

1. 工具

一個好的機制，一定具備有好的工具。透過網路機制，可以讓生意擴展迅速。

2. 激勵

人總有沮喪或精神比較脆弱的時候，透過激勵的機制，可以讓人們振作，包括結合信念、文化、團隊鼓舞等。好的機制透過團隊互相扶持，永遠有人替你打氣。

3. 會議

事業也需要紀律，需要溝通。透過不同的會議，例如說明會引介新朋友，各種聚會傳達公司理念以及介紹產品，透過會議交流也可提出問題，讓大家共同來解決。

只要有了這樣的心靈財富成功機制，你就可以打造一生的富裕，就算老年退休，也能夠繼續有收入。因為這套機制有豐實的土壤、廣闊的天空，搭配正確的工具、適當的激勵，以及會議的共勉。

你可以檢視一下你現在的生活，是不是符合這個機制。

1. 上班族

這棵大樹有堅實的土壤可以帶給你源源不絕收入嗎？可能有，只不過這塊土壤太貧瘠，帶來的收入很有限。這塊土壤可以持續不斷成長嗎？一定期限內會，例如在二、三十年間，由基層課員升到組長，再升上課長，但這套土壤卻不能持續到你退休。雖然有基本的激勵、工具、會議，但發展的天空也是很有限。

2. 開店或個人工作者

你有厚實土壤嗎？你可能有一套賺錢模式，但那模式可以帶來成長複製嗎？

你有廣闊天空嗎？靠著社交可以開拓，但憑一己之力範圍有限。有人激勵你嗎？有適當工具嗎？經常參加會議嗎？

有的開店者找到好的機制，就可以拓展為成功的夢想（例如成功的加盟事業體系），有的個人工作者也可以以個人品牌打造成功體系（例如成為名醫或該產業的明星），只要能符合這套機制就會是好的機制。

3. 創業當老闆

這部分更是需要以這套模式基準來做評估。簡單來說，為何有的企業五年內就倒閉，有的卻能基業長青。仔細去分析，一定都可以符合這套系統。

可以以你現在的職場狀態做基準，評估一下你現有的資源。你可以想像，當你站在目前的狀態，可以帶來源源不絕的收益，直到你年老嗎？如果不能，那麼你就要去補足那一塊。

其中，價值觀是要靠自己修練的，這一塊若你自己沒有正確體悟，那任何人都不能為你代勞。

堅實的土壤要靠自己尋找，你現在的公司能提供這樣的機制嗎？如果不能，你會既忙碌收入又少，苦了自己也苦了家人。而廣闊的天空，更是發展事業的必要。

凡此種種，藉由這張圖，每個讀者都可以自我省思、自我鍛鍊，找到可以幫助自己迎向成功人生的模式。

成功挑戰自我的練習題

【練習 1】

親愛的朋友，我們都追求幸福美滿的人生，然而，幸福美滿人生
怎麼評估呢？

如果以退休做為分水嶺，最好的狀態，年紀輕輕就能退休，一邊
擁有收入，一邊享受人生。最保守的狀態，至少做到五、六十歲
退休後，可以過著安適的生活。那麼，請計算一下，你的退休生
活需要多少錢？

假定自己歲退休，壽命以九十歲計，從退休到九十歲，共幾個
月？您預計退休後每月至少需要多少開支？

（假定沒有發生需要重病長期住院或其他大額開支。）

退休總時間 X 每月最低開支＝退休總共需要金額

【練習2】

請再計算,你如何得到這筆金額?

計算你現在的保險額度,換算成退休後,可以每月支領多少錢?

其他可以帶給你退休收入的機制?(例如當包租公,或股票、基金收益)依照你現在每年的收入,扣掉前面所能提供的金額,你現在每年工作還要存多少錢,才能填補那個差額?

如果你的保險費加上現有工作存款足夠老年生活,那恭喜你。但別忘了,以上所列只是每月最低退休需求,如果你想環遊世界,或是有更多的夢想,甚至假定因為生病需要額外開支,那麼這樣的錢仍是不夠的。

若把上段所列考量加入計算,你每年要存多少錢才夠?現有的賺錢模式能夠滿足你嗎?請對你的退休計畫作深度思考,並提出你的解決方案。

|第十三章|
啟動你的成功加速器

在化學領域有個名詞，叫做「催化劑」。催化劑最特別的地方，在於它能讓化學反應加速，它負責「促進反應」，但本身卻可以周而復始，消耗又生成。例如雙氧水，在室溫下反應非常慢，但一加入碘做為催化劑，氧氣的產生速率就會大增。

在我們的人生中，有什麼催化劑可以讓我們理財速度大增呢？其實任何的系統、制度，都是一種催化劑，例如透過銀行系統，讓你投資理財速度增長；透過公司團隊力量，讓你的月收入更加提升。

但這些通常只帶來微微成長，或頂多一倍、兩倍成長，只是普通的催化劑。如果想要讓收入數倍成長，讓成功更早到臨，需要的是「加速器」。

最頂級的加速器，不只是帶給你快速成功，甚至可以帶來「核爆」式的成功。

你的人生想要追求成功、獲得夢想中的財富，達成幫助更多人的人生目標嗎？是要年輕時就達到，還是七老八十才達到？

成功的基本思維很重要，找對加速器，則可以讓成功更早實現。

👑 成功的重點在效率

假定你所設定的成功，是位在漫長高速公路的終點站，那理論上，任何人只要走在這條路上，最終一定會「成功」，包括蝸牛、蚯蚓或烏龜，只要走在正確的路上，任何人「只要壽命夠長」，都會成功。

坊間教你「如何走在正確的路上」的書已經很多，我們整體社會教育的方向，也是在導正人們「走向對的道路」。甚至所有宗教不論教義為何，最終的宗旨就是告訴我們要「行正道」。但所有成功學以及勵志學沒有特別講到的，就是「速度」。

禪宗講求隨緣、悟道，哲學家說：「地球是圓的。」、「條條大路通羅馬。」只要往前，人人都到得了目標，但他們忘了提，要多久才達能抵達？

心靈財富女神要教導你「信念」以及「行動」是成功的兩大關鍵。但「加速」成功的關鍵是什麼呢？就是本書經常強調的一句話：「選擇比努力重要。」

請看以下公式：
* **達成目標的基本公式**

（資質＋努力）Ｘ信念＝目標

信念有多強，目標就能有多大。擁有強大信念後的努力，可以創造更大的目標願景。但這裡的目標，不包含道德，就算銀行搶匪，也可以設定目標。所以這個公式要修正一下：

・達成「正確」目標的基本公式

$$f_{(x)} = （資質＋努力）\times 信念$$
$$f_{(x)} = 基本設定值$$

（X 參數包含：正確價值、正面信念，以及利他思維）

若設定值錯誤，那麼 $f(X)$ 這個公式的前提錯誤，後面公式再怎樣繁衍都無意義。所以我們強調選擇比努力重要。選擇對的方向，比漫無目標亂闖亂衝重要。

此外，品格也非常重要。一個不重視自我品格要求的人，再怎樣的成功，即使成為億萬富翁，都不能獲得尊重，這樣的「成功」不具意義。

而內心格局更是重要。自私是人的天性，要百分之百無私，那是聖人的境界，不符合實際。但我們希望至少可以做到的，在我們的願景裡，有三分以上的藍圖是「利他」的。好比說我們立志成為億萬富翁，並且要幫助百萬人達到日入萬元的境界，而非成為億萬後，全部錢只供自我享樂。

加了前提的新公式，已經比較切合實際，這也是一般成功

學教導的方法，但我們要強調的是「速度」。不只要達成目標，並且要快速達到成功，所以公式變為：

· **快速成功的基本公式**

$$\{（資質＋努力）×信念\}^N ＝達成目標 S（Success）$$

假定理想目標值是 T（target），那麼：

$$理想目標 T／達成目標 S ＝完成時間$$

其中 N ＝成功工具

初階的工具＝一般的自我學習，基本的組織制度

進階的工具＝透過上課提升自我，優質的公司制度

高階的工具＝成功加速器＝好的系統＋好的制度

最高階的工具＝核爆級加速器＝最優的系統＋最優的制度

當 N ＝ 0，也就是一個純靠資質、努力以及信念，他可以成功嗎？還是可以的，只是時間需要很久很久。

因為：

$$\{（資質＋努力）×信念\}^0 ＝ 1$$

假定理想目標＝ 100

$100（T）／1（S）= 100$

如果要 100 年才能成功，你要嗎？就算成功了，那重要嗎？

當 N ＝ 1，也就是只有最基本的工具，那很不幸的：

$\{（資質＋努力）X 信念\}^1 = 1$

結果還是一樣，還是要花 100 年才能成功。

所以快速成功的最重要祕訣無它，只要找到對的加速器，讓 N 的數字變大就好了。

為什麼兩個同一個時間畢業、家庭背景一樣的人，經過十年後，一個是億萬富翁，一個還是月入三萬的上班族？最大的差別，就在於有沒找到對的工具。

一套對的系統，可以讓一個二十幾歲的女孩，很快的成為千萬富翁。如果沒有這個體系，那可能她努力到 50 歲，頂多可以變成百萬富翁，卻難以達到千萬的境界。

所以道理很明顯：

要快速成功，就要先找到正確的工具，

最好找到的是加速器。

找到正確的工具，那達成目標的數字可能是 10，假定目標是 100（T）／ 10（S）＝ 10，十年可以成功，已經不錯了。

找到加速器般的工具，那達成目標的數字可能是 50，假定目標是 100（T）／ 50（S）＝ 2，兩年可以成功，這社會誕生了許多年輕新貴。

若找到的不但是加速器，而且還是核爆級加速器，那達成目標就是接近 100，假定目標是 100（T）／ 100（S）＝ 1。

所以不要訝異，為何有人可以極短的時間成為千萬富翁，找到核爆級加速器，那你的人生就可以大大改觀。白手起家，30 歲前就可以自駕豪華遊艇環遊世界，再也不是夢。

◆ 圓滿成功的基本公式

寫到這裡，有些人可能覺得我太市儈，總是在講如何賺大錢，但人生還有其他重要的事物啊？好比說親情，好比說健康，好比說休閒以及追求人生樂趣。

是的，這也是我總愛強調的重點。為何我說選擇比努力重要？意思並不是指人生只要賺大錢，而是指越早擁有財富，你就越早可以幫助更多的人。

而且當你擁有很多財富，你將擁有更多的自由時間，可以陪家人，可以環遊世界，高興的話可以今天學油畫，明天學古箏，後天跳街舞。當有了財富，這些都不是問題。

當然，健康以及正確的心靈非常重要，所以我們再把公式

做調整：

$$\{（資質＋努力）\times 信念\}^N \times 健康＝達成目標（Success）$$

在此，健康分成兩個層面，一個是身體健康，一個是心靈健康。一個人賺了大錢，卻被醫師宣告壽命只剩一個月，那成功失去意義。一個人擁有巨富，卻心境扭曲、夜夜作噩夢，那健康也是 0。

套入公式：

$$\{（資質＋努力）\times 信念\}^N \times 0 ＝ 0$$

很抱歉，當健康是 0，所有的努力及信念結果都是 0，就算用了核爆級加速器也一樣，0 就是 0。

而如果健康還可以，但人生信念不對，全然沒有利他精神，那在本公式的定義裡，這樣的信念也是 0，不管資質多好，有多努力，最終的基數還是 0。

0 的任何幾次方，不論是 0 的 1 次方、10 次方、100 次方⋯⋯結果都是 0。

至於 0 的 0 次方，理論上答案是 1，實際上答案是無意義。所以若信念不對，所有的成功都沒有意義；如果健康出問題，那成功將是一場空。

所以我鼓勵大家追求成功，並且要追求快速的成功。

　　但前提是健康要照顧好，這樣你們在閱讀這本書，然後訂下目標往前衝，才會具備意義。

👑 成功的兩大加速器

　　當我們確認成功的基本公式後，大家就知道，加速器有多麼重要。

　　這裡再來談談化學吧！大家不必很懂化學，但大家一定都聽過，做化學實驗時要很小心，特別是在使用各種促媒、催化劑，以及任何在化學變化中添加新東西時，只要方法正確，會產生「加速」效果。

　　方法若錯誤，那結局可能很慘，「轟！」一聲爆炸摧毀實驗，這還算好的，如果爆炸讓你整個人也報銷了，那就悔不當初了。所以我們要找加速器，但也要找到「正確的加速器」。

　　新聞媒體常報導，有人因為妄想一夕致富，參加了制度有問題的直銷公司或投資行為，最終整個制度破產，所有投入的金錢血本無歸。

　　這些新聞都加深了人們對正確制度的錯誤印象，讓更多人更加保守，乃至於都不敢嘗試任何好的制度。

　　其實使用成功加速器不只是很重要，而是「一定要」。

所謂成功加速器，包括雙重機制，一是系統機制，一個人脈機制。

還記得前一章畫過的心靈財富機制圖嗎？好的系統機制，就相當於可以帶來源源不絕滋養的土壤；好的人脈機制，就相當於可以有廣大發展空間的天空。

每個人其實或多或少都加入了某些系統，最簡單常見的系統，就是我們上班的公司。一家公司一定是一個系統，否則單靠你一個人，如何賣東西賺錢？有了公司，老闆透過系統引進商品，建立價格及出貨規則，取得參與供需市場的門票。如此，你這個「個人」才能加入一個系統，獲得利潤，報酬則是你每月的薪資。

只是這個系統是屬於公司老闆的，你只是參與，並不擁有。那麼要怎樣評估一個系統好壞呢？

1. 這個系統，是否可以為他人創造價值？
2. 這個系統的投入門檻，你是否能達到？
3. 投入這個系統對你來說有沒有風險？
4. 投入這個系統，若你有投資，那多久可以回本？
5. 這個系統可以為你帶來怎樣的獲利？是長期獲利嗎？獲利的速度快或慢？

　　只要能符合以上五點，就會是個好的系統。透過這個機制，我們當年去廣西建立微信公眾號，在很短時間內就有了 22 萬會員，讓我們成功透過房屋銷售，賺到億萬。

　　每當有人問我，我們能有今天的成績，有哪些關鍵？我的回答通常會讓對方感到意外。原來，這雖是個帶來致富的系統，但核心關鍵卻是良善。

　　五大關鍵分別如下：

· 第一個關鍵是良善：

　　這個系統的成立，是要提供讓人類更健康美麗、更快樂幸福也更富裕的產品及服務。財富是來自於做對的事情，為人類社會創造價值謀求幸福，財富自然相伴而生。

· 第二個關鍵是利他：

　　運用倍增原理和參與者共享而非獨享，互幫互助共同均富。

· 第三個關鍵是世界觀：

　　要有跨國做全球市場的通路架構，因為格局決定結局。

· 第四個關鍵是網路：

　　要運用網路的運作方法，善用科技才能如虎添翼。

· 第五個關鍵是感恩：

　　透過感恩的文化與先捨後得的胸懷，有德行方能駕馭財富。

　　讀者可以發現，這雖然是一套致富系統，但在核心關鍵中，有三個是內心層面的，包含良善、利他以及感恩。所以我說正確的信念最重要，擁有正面的心，才能帶來正向的果。

　　由於擁有正面的心，我們立志要幫助一億人，目的主要不是為了賺大錢，而是希望為他們延長壽命二十年。我們還要幫助一百萬個人，可以達到日入萬元的境界。

　　在我們團隊的每個人，每天都可以一再重複聽到我們強調的使命，我們甚至還把這樣的目標繡在衣服上，例如在我們的西裝內裡，就把這些目標繡上去，代表我們日復一日追求的價值觀。

　　助人已經是我們的目的，獲得財富只是附帶的結果。

♛ 心想事成的關鍵祕訣

　　人們喜歡問：我的命運怎麼改變？

　　從以前幫人家算塔羅牌我就知道，每個人都困惑於自己的命運，就算明知道這世界不一定有鬼神，仍然相信有種上天的力量可以「助自己一臂之力」。

　　有沒有上天的力量？這裡不談宗教，我只談信念，答案是

有的。這個上天的力量，就如同《祕密》一書的核心重點，就是
「心想事成」。

　　前面我們提到了成功的兩大加速器，一個是系統機制，一
個是人脈機制。其實除了這兩者外，還有一個最重要的加速器。

人生中最重要的加速器，就是自己的心。

　　最好的例子，一個浪子懸崖勒馬，改邪歸正。他可以很快
的成為一個有用的人，而不必一定要從「負」的狀態，一步步先
回歸到零，再朝「正」邁進。心一轉念影響力量之大，無人能及。

　　很多人為什麼總是能輕易成功，有的人卻要辛苦一輩子仍
然一無所有，答案就是你的「心」。其實達成貧窮與財富所需要
的能量是一樣的，都是心想事成的結果。

　　當你看見一個人擁有你想要的結果時，你是怎麼想的？有
什麼感覺？

　　第一種是：好棒呀！我也想要，如果他可以代表我也可以！
我想知道他怎麼達成的？我要如何學習他能得到同樣的結果？

　　第二種是：沒什麼了不起！他一定是剝削很多人才有今天
的成績！他的運氣比較好！看他能得意多久？

　　兩種心態產生了不同的動力，當你越有渴望的感覺，你心
想事成的速度越快。注意力等於事實，當你注意力在你所要的事
物上，你會發現所有的資源不斷出現在你眼前，讓你唾手可得！

這世界，不是你渴望的，就是你所恐懼的。

相反的，很多人的注意力放在不想要的事物上，充滿擔心與恐懼，因此看不到事件中的機會，只是一味的躲避，結果耗盡能量在預防根本不會發生的情況，錯過時機，所以就窮一輩子。

窮人不是做錯了什麼，而是他什麼都沒做。

我的心裡想的是什麼？我想的是：「我明天可以幫助多少人？我必須更加努力達成幫助一百萬人日入萬元的目標！」我每天都想這樣的事，於是宇宙提供給我的資源，也都是如何幫助更多人日入萬元這件事。

我這樣想事情，那你呢？如果你每天想著的是：「這個老闆好變態，每次都交代那麼多事給我，我恨死他了。」那你想，宇宙會給你什麼？當然是更多變態的工作，以及更多的仇恨。

渴望的程度是你能力的唯一限制，這個世界上一定有個人能夠輕易的幫助你完成願望，把你的目標大聲說出來，傳播出去，宇宙就會聽到你的呼喚，回應你的要求！

我們一直很想幫助更多人成功，但就算我們每天去演講，影響的人也很有限，怎麼辦呢？這裡就需要用到我們的加速器。透過網路加速器，我們要提醒更多人善用自己的心靈加速器。

工具可以變，信念不能變。例如在臺灣，LINE 很流行，臉

書更紅，但是這些工具到內地都不適用啊！沒關係，改變工具，不改變信念。如果臉書在臺灣可以觸及到兩千三百萬人口，那麼微信可以觸及到十五億人口，那不只是好，而是大大的好。

當然，好的加速器真的可以讓成功更快發生。

速度實在太重要了！

工具實在太重要了！

提升觀念實在太重要了！

這也是為什麼我們工作一年，收入就等於上班族要工作 180 年的原因。這不是小數字，不是 3：1，不是 10：1，也不只是 100：1，而是差距 180 倍！

有這樣的例子，我們還要再按照傳統方式，日子一天過一天嗎？還要用蝸牛的速度緩緩滑過高速公路，等待一百年才能達到目標嗎？

現在這個社會，已經不是大魚吃小魚，而是快魚吃慢魚。能用網路就不要走馬路，懂得善用工具才能如虎添翼！

你想要讓父母變得更年輕健康嗎？

你想要與另一半幸福的不像話嗎？

你想要幫助身邊的朋友擁有更多財富嗎？

你想要讓世界市場的錢流進你的口袋嗎？

所有的美好的事，只要有好的信念，

搭配正確的加速器，一定可以達到！

成功挑戰自我的練習題

【練習1】

親愛的朋友，現在本書已到了尾聲，你對於如何追尋成功人生，
有什麼想法？

【練習2】

現在的你，有什麼需要改善的地方，讓你能夠更快達到成功？

· 你是否擁有正確的信念？

· 你是否知道自己要追求怎樣的夢想？

· 你是否能夠為他人創造價值？

· 你是否具備足夠的熱誠追求你的夢想？

· 你是否擁有令人信賴的品格，能夠有助你的事業？

· 你是否找到對的工作模式，可以幫助你更快成功？

· 你是否找到成功加速器，讓自己更快速的獲得財富？

【練習3】

從今天起，你為了要追求成功，你應該怎麼做？

一個月內的自我改善計畫：

半年內的自我提升計畫：

一年內的夢想檢討計畫：

三年的計畫：

五年內的計畫：

| 結語 |
行動，才能帶來改變

看完這本書後，朋友們有什麼心得？

成功最重要的是工具，
但最基本的，卻是你這個「人」。
你的觀念對了，也建立了信念，並且願意行動再行動，
好的系統才能成為你的成功加速器。

最後讓我們來整理全書的重點。

◆ 重點一：要有錢，先要選對方法

由我自己的例子就可以看見，拚命打工不可能變有錢。開店就怕「生意好人倒，生意不好店倒」，用生命換錢的模式，不是好的模式。我們一定要找到一個可以幫我們有效賺錢的系統，沒有系統就沒有財富。

任何的事不是誰說了算，包括本書你也可以不相信。重點是，有沒有驗證？若有驗證，你憑什麼不相信？

最好的驗證，就是問問那些有錢人，他們的財富是怎麼倍增的？

請注意！我問的不是「錢怎麼來的？」，而是「錢怎麼倍增的？」，這兩個觀念大大不同。

怎樣可以有錢？如果一個人含著金湯匙出生、中了大樂透，或者去搶銀行，都可能有錢，但如果一個人可以讓自己的收入倍增，才是真正富人的本事。

我們可以訪問所有富人，包括臺灣的首富們，以及世界級的首富，共通的特點，一定包含兩件事：

一、一定要有系統持續為你帶來收入，否則會工作到死。

小至一個店面，大到一個跨國企業，都算是系統。

二、所有的有錢人都懂得抓住趨勢。

時代改變，你也要改變，若你只是跟風，無法創造奇蹟。

你不一定要很有遠見，並不是人人都有郭台銘般的頭腦。但你可以懂得跟隨，只要跟對了老師，跟對了團隊，你不用懂趨勢，leader 會和你分享趨勢。你只要抓住創新的精神，然後系統就在那邊，幫助你簡單的複製。

◆ 重點二：我們要主導自己的生涯

或許有人會說，每個人的生涯不是都由自己主導嗎？其實不是，大部分的人都是跟著別人走。

再次強調，這世界就是這樣，信念強的人引領信念弱的人走，如果一個人沒有信念，那他的人生就會被別人牽著走。

我們要主導自己的生命，成為自己的影響點。當你不斷行動，你就是主導者。專注所思所想，都是你要的東西。

信念是很強大的，當我還是 19 歲的學生時，當時我做業務就已經懂得堅持自己的信念，不受別人影響。我只用心找想買我商品的人，不會被不重要的人影響。那些陌生人你原本就不認識，將來也可能不會再遇到，為何要受他們影響呢？

不要被你「不該在乎的人」占據了你的時間。這是業務的基本信念，也是成功人士的基本信念之一。

你真的可以主導你的人生嗎？那麼就試著從不怕被陌生人拒絕開始。

◆ 重點三：你要時時灌輸自己正面的能量

不只工作如此，感情也是如此，整個人生都是如此。把這形容為自我催眠也可以，處在這個世界上，人人都會被催眠。

大部分人被媒體催眠，被電視劇情帶來的流行催眠。久而

久之，若不照「大家」的方式走，就覺得自己跟不上潮流。當大家都是錢奴，於是我們也必須變成錢奴，與其存著這種思維，那還不如做好對自己的催眠。

因為人的意志需要鍛鍊。當年的我是被生活所逼，不得不讓自己拚命的工作，但即便當年的我，也需要靠錄音帶錄勵志的話砥礪自己。

現代人太習慣遇到事情第一個反應就是抱怨。走在路上被人擦撞，就心想：「我不招惹你，你為何招惹我？」為何不想成：「人人都有急事，他正好發生急事。」甚至這件事根本不列入煩惱，被撞的當下就忘記。

養成經常正面思維的習慣，

那麼往後你遇到問題時，

第一件事就是想方法解決，

而不是四處尋找可以怪罪的人。

就連感情也是一樣，失戀了不是誰的錯，更不該恨對方甚至恨自己，當你對自己有信心，終會找到和你情投意合的人。

有了正面能量，你連眼神都會變得不一樣。

◆ 重點四：行動、行動再行動

因為很重要，所以講三遍。因為太重要了，即使前面已經講過，現在仍要再次強調。

如果每個人因為領悟力有限，對於本書傳授的理念只能慢慢消化吸收，那麼我建議第一件要謹記的事，就是行動再行動。

其他的觀念，只要你肯行動，終究會慢慢吸收完成。

第一個行動，就是堅持要學會運用系統。所謂行動，就是開始去規畫自己的人生，這本書一次沒看懂，那就多翻幾次，這就是你立刻要採取的行動。

這已是最安全的行動了，我只是鼓勵你持續學習，人生還需要更多的行動。很多人不敢犯錯，因為害怕的是錯誤的本身，以及錯誤的結果。

錯誤的本身，除非是你心存惡念所導致的，否則心存善念下的失誤，都只是人生經驗的一部分。

事實上，人生最大的錯誤，就是你什麼都不嘗試，就讓時間溜走。至於害怕錯誤的結果，如果你有堅強的信念，那你就不會錯誤所擊倒。

成功的人，往往就是失敗次數夠多的人。

　　一個人若不知道他現在要做什麼，那就趕快去行動，自然就會讓自己找到事做。所謂忙碌的越忙，閒著發慌的只會繼續沉淪，只會坐著想，害怕這、害怕那的人，變成行動的侏儒，現在是這樣，十年、二十年後還是這樣。

　　關於成功的方法，每個老師都可以帶給你很多。你可以學習郭台銘的理念、馬雲的理念，學習所有成功者的理念。

　　但在全書最後，還是要提醒你這一刻最重要的事。

　　不要再只是「想」了，起來行動吧！
　　願幸福與力量，永遠與你同在。

財富女神教你日入萬元：9 個月賺 1 億翻轉人生

作　　　者／王宥忻
出 版 統 籌／心靖國際有限公司
美 術 編 輯／孤獨船長工作室
責 任 編 輯／許典春
企畫選書人／賈俊國

總 編 輯／賈俊國
副 總 編 輯／蘇士尹
資 深 主 編／吳岱珍
編　　　輯／高懿萩
行 銷 企 畫／張莉榮・廖可筠・蕭羽猜

發 行 人／何飛鵬
出　　　版／布克文化出版事業部
　　　　　　臺北市中山區民生東路二段 141 號 8 樓
　　　　　　電話：(02)2500-7008　傳真：(02)2502-7676
　　　　　　Email：sbooker.service@cite.com.tw
發　　　行／英屬蓋曼群島商家庭傳媒股份有限公司城邦分公司
　　　　　　臺北市中山區民生東路二段 141 號 2 樓
　　　　　　書虫客服服務專線：(02)2500-7718；2500-7719
　　　　　　24 小時傳真專線：(02)2500-1990；2500-1991
　　　　　　劃撥帳號：19863813；戶名：書虫股份有限公司
　　　　　　讀者服務信箱：service@readingclub.com.tw
香港發行所／城邦（香港）出版集團有限公司
　　　　　　香港灣仔駱克道 193 號東超商業中心 1 樓
　　　　　　電話：+852-2508-6231　傳真：+852-2578-9337
　　　　　　Email：hkcite@biznetvigator.com
馬新發行所／城邦（馬新）出版集團 Cité(M) Sdn. Bhd.
　　　　　　41, Jalan Radin Anum, Bandar Baru Sri Petaling,
　　　　　　57000 Kuala Lumpur, Malaysia
　　　　　　電話：+603-9057-8822　傳真：+603-9057-6622
　　　　　　Email：cite@cite.com.my
印　　　刷／卡樂彩色製版印刷有限公司
初　　　版／2017 年（民 106）05 月
初版10.5刷／2022 年（民 111）08 月
售　　　價／380 元
Ｉ Ｓ Ｂ Ｎ／978-986-94500-2-7

城邦讀書花園　布克文化
www.cite.com.tw　WWW.SBOOKER.COM.TW